Abhandlungen
zur Rechtswissenschaft und zu ihrer Methode

Herausgegeben

von

Rudolf Joerges

Zweites Heft

Lücken im Gesetz. Begriff und Ausfüllung.
Ein Beitrag zur Methodologie des Rechts
Von Dr. jur. Hans Elze

München und Leipzig
Verlag von Duncker & Humblot
1916

Lücken im Gesetz
Begriff und Ausfüllung

Ein Beitrag zur
Methodologie des Rechts
von
Dr. jur. Hans Elze
Gerichtsassessor

München und Leipzig
Verlag von Duncker & Humblot
1916

Alle Rechte vorbehalten.

Altenburg,
Pierersche Hofbuchdruckerei
Stephan Geibel & Co.

Meinen Eltern!

Dem Herrn Geheimen Justizrat Professor Dr. juris et philos. h. c. Stammler zu Halle a. d. Saale sowie dem Herrn Privatdozenten Dr. juris et philos. Joerges zu Halle a. d. Saale, aus dessen Vorlesung über Juristische Methodenlehre (Sommersemester 1913) ich die Anregung zu dieser Arbeit entnommen habe, sage ich für die mir zuteil gewordene Förderung auch an dieser Stelle meinen herzlichsten Dank.

Inhaltsverzeichnis [1].

	Seite
A. Abgrenzung des Themas. Die zwei Hauptprobleme	1
B. Der Begriff der Lücke im Recht	3
I. Begriffsbestimmung	3
a) Der Begriff „Lücke" im allgemeinen Sprachgebrauch	3
Eine Lücke ist ein planwidriger Zwischenraum innerhalb eines Ganzen	4
b) Der Begriff „Lücke" im Recht	5
*Eine Lücke im Recht ist eine **planwidrige Unvollständigkeit** innerhalb des Rechts*	6
1. Der Begriff „Recht"	6
a) Lücken im Recht = Lücken in der Rechtsordnung sind logisch unmöglich	7
b) Lücken sind nur möglich in Teilen der Rechtsordnung	7
aa) Die zwei möglichen Bestandteile einer Rechtsordnung: Gesetzesrecht und außergesetzliches Recht	7
bb) Die drei Möglichkeiten der Zusammensetzung des Inhaltes einer Rechtsordnung: Eine Rechtsordnung kann bestehen	8
α) lediglich aus außergesetzlichem Recht	9
β) lediglich aus Gesetzesrecht	9
γ) aus Gesetzesrecht und außergesetzlichem Recht nebeneinander	9
Das derzeitige deutsche bürgerliche Recht besteht sowohl aus Gesetzes- als aus außergesetzlichem Recht	11
*Eine Lücke im Gesetz ist eine **planwidrige Unvollständigkeit** innerhalb des Gesetzes (**1. Definition** der „Lücke im Gesetz")*	12
2. Der Begriff „Unvollständigkeit"	12
a) Ein Gesetz besteht aus Rechtssätzen. Eine Unvollständigkeit des Gesetzes ist gleichbedeutend mit einem Fehlen von Rechtssätzen	13

[1] Das Manuskript ist bereits im November 1913 abgeschlossen.

		Seite
	*Eine Lücke im Gesetz ist das planwidrige **Fehlen eines Rechtssatzes** innerhalb eines Gesetzes (2. Definition)*	14
b)	Ein Rechtssatz ist die Verbindung eines Tatbestandes mit einer Rechtsfolge	14
	*Eine Lücke im Gesetz ist das planwidrige **Fehlen einer Verbindung eines Tatbestandes mit einer Rechtsfolge** (innerhalb des Gesetzes) (3. Definition)*	15
	Wann fehlt einem Tatbestand die Verbindung mit einer Rechtsfolge innerhalb des Gesetzes? Gegensatz: Wann ist ein Tatbestand innerhalb des Gesetzes mit einer Rechtsfolge verbunden?	16
	Gleichbedeutend ist die Frage: Wann ist ein Tatbestand im Gesetz geregelt?	
	aa) Zwei Arten der gesetzlichen Regelung:	
	α) Unmittelbare	17
	β) Mittelbare	17
	bb) Ein Tatbestand ist im Gesetz geregelt, wenn er:	19
	α) Alle im Gesetzestatbestand enthaltenen und	20
	β) keine sonstigen im Sinne des Gesetzes erheblichen Bestandteile aufweist.	20
	Allen übrigen Fällen fehlt die gesetzliche Regelung. Es liegen ihnen gegenüber Lücken im Gesetz vor, wenn das Fehlen der gesetzlichen Regelung „planwidrig" ist	21
3.	Der Begriff „Planwidrigkeit"	22
	Plan der heutigen Gesetze ist, alle im Sinne Gesetzes rechtserheblichen Tatbestände durch Gesetz mit einer Rechtsfolge zu verbinden	24
	*Eine Lücke im Gesetz ist das Fehlen einer Verbindung eines **rechtserheblichen** Tatbestandes mit einer Rechtsfolge innerhalb des Gesetzes (4. Definition)*	24
	a) Ein Tatbestand ist rechtserheblich immer nur im Sinne einer bestimmten Rechtsordnung, und die Rechtserheblichkeit eines Tatbestandes besteht darin, daß der Tatbestand mit einer bestimmten Rechtsfolge verbunden ist	25

b) Ein nicht im Gesetz geregelter Tatbestand ist rechtserheblich, wenn er nach außergesetzlichem Recht mit einer bestimmten Rechtsfolge verbunden ist 28

*Eine Lücke im Gesetz ist das Fehlen einer Verbindung eines **nach aussergesetzlichem Recht** rechtserheblichen Tatbestandes mit einer Rechtsfolge innerhalb des Gesetzes (5. **Definition**)* . 28

Ob ein Gesetz Lücken haben kann, ist Frage des Einzelgesetzes. 29

Duldet ein Gesetz kein außergesetzliches Recht neben sich, so kann dieses Gesetz nur etwa Mängel, aber keine Lücken haben.

Lücken kann nur dasjenige Gesetz haben, welches außergesetzliches Recht neben sich duldet.

*Eine Lücke im Gesetz ist das Fehlen einer Verbindung eines nach außergesetzlichem, **vom Gesetz geduldetem** Recht rechtserheblichen Tatbestandes mit einer Rechtsfolge innerhalb des Gesetzes (6. **Definition**)* 29

Das Merkmal des außergesetzlichen Rechtes: Das Gelten. Zwei Arten des Gebrauchs des Wortes Gelten:

α) geltendes Recht = wirklich angewandtes Recht. 30

β) geltendes Recht = Anwendung findensollendes Recht. 30

Das Anwendung findensollende Recht = das geltende Recht im Sinne der folgenden Ausführungen, kann zwei verschiedene Geltungsgründe haben:. 30

α) den staatlichen Befehl (äußeren Zwang) . . 31

β) die Möglichkeit innerer Anerkennung (inneren Zwang) 31

Beide Geltungsgründe können zusammentreffen 32

Das außergesetzliche Recht, welches als Lückenrecht in Betracht kommt, kann gelten nur kraft inneren Zwanges. 33

α) Voraussetzung des Geltens des außergesetzlichen Rechtes ist, daß es einem gemeinsamen

Prinzip entspricht, einer Norm, die von mehreren als über ihrem Einzelwollen stehend anerkannt wird 33

β) Es genügt, daß diese Norm den Parteien gemeinsam ist; es genügt also, daß das im Lückenfall eintretende außergesetzliche Recht unter den Parteien gilt 34

Eine Lücke im Gesetz ist das Fehlen eines nach außergesetzlichem, zwischen den Parteien geltendem vom Gesetz geduldetem Recht rechtserheblichen Tatbestandes mit einer Rechtsfolge innerhalb des Gesetzes, oder

Eine Lücke im Gesetz liegt vor, wenn ein Tatbestand, welchem die Verbindung mit einer Rechtsfolge im Gesetz fehlt, nach außergesetzlichem, zwischen den Parteien geltendem und vom Gesetz geduldetem Recht mit einer bestimmten Rechtsfolge verbunden ist. **(Endgültige Definition.)** 37

II. Die Gründe des Vorkommens von Lücken im Gesetz. 37
III. Der Begriff der „Lücke im Recht" in der Literatur. 40
  1. Zitelmann 40
  2. Heck (Rümelin) 45
  3. Bierling 45
  4. Biermann 46

C. Die Lückenausfüllung. 48
I. Das Wesen der Lückenausfüllung 49
II. Die Person des Lückenausfüllers. 50
III. Die Auffindung des Lückenrechts 55
  a) Die Auffindung in Anlehnung an das Gesetz. . . . 56
    1. Tatbestandsanalogie 58
    2. Interessenanalogie 58
  b) Die Auffindung unabhängig vom Gesetz 63
    1. Soziologische Jurisprudenz 63
    2. Freie Rechtsfindung 65
    3. Kritische Methode 66

Anmerkungen. 72
Literaturverzeichnis . . . . 78—85

A. Abgrenzung des Themas. Die zwei Hauptprobleme.

Die Untersuchung hat zum Gegenstande „Lücken im Gesetz".

Durch diesen Titel soll von vornherein klargestellt werden: es wird lediglich das positive Recht in Betracht gezogen.

Weiter aber ist gleich von vornherein zu bemerken, daß wir bei der Untersuchung in erster Linie das Privatrecht im Auge haben und speziell das moderne Privatrecht. Diese Beschränkung rechtfertigt sich durch Folgendes:

Es steht durchaus nicht ohne weiteres fest, daß die für ein Rechtsgebiet zutreffenden Ergebnisse auch auf alle anderen Rechtsgebiete Anwendung finden können, da für die Regelung der einzelnen Rechtsgebiete — man denke besonders an das Strafrecht oder gar an das Prozeßrecht — verschiedene Grundgedanken und Erwägungen maßgebend sein könnten und wohl auch sind. Es würde daher die Zulässigkeit der Übertragung der für das Zivilrecht gewonnenen Ergebnisse auf andere Rechtsgebiete in gesonderter Untersuchung geprüft werden müssen.

Sodann aber steht gerade im Zivilrecht die Lückenfrage im Vordergrund des Interesses. Und zwar gilt dies keineswegs nur für die deutsche Wissenschaft, sondern insbesondere auch für die französische und italienische. Man kann die Frage nach den Lücken im Privatrecht geradezu als eine internationale bezeichnen, und diese Internationalität ist es, die ihr eine ganz besondere Bedeutung zukommen läßt.

Ist nun schon die Tatsache der gleichzeitigen Erörterung der gleichen Frage bei den verschiedensten Nationen etwas sehr Bemerkenswertes, so ist es noch weit auffallender, daß auch die Behandlung der Frage in einem Punkte fast durchgängig die gleiche ist. Noch heute gilt, und zwar auch für die außerdeutsche Wissenschaft, was Zitelmann in seiner Rede über „Lücken im Recht" schon vor 10 Jahren hervorhob: Fast alle hierher gehörigen Abhandlungen erörtern lediglich die Frage nach der Lückenausfüllung. Die Grundfrage aber, die bei methodischem Vorgehen an erster Stelle einsetzen muß, die Frage nach dem Begriff, nach dem Wesen der Lücken wird kaum berührt (vgl. Zitelmann, 1903, S. 7 a. a. O.).

Nur etwa die These, daß es Lücken im positiven Recht überhaupt nicht geben könne, wird von einigen Autoren verfochten (Somlo, 1911, S. 58f., Kaufmann, 1911, S. 40 f., Donati, 1910), aber gerade diese These wird von der weitaus überwiegenden Mehrzahl als unrichtig abgelehnt[1]), ohne daß man allerdings daraus Anlaß genommen hätte, nun seinerseits eine Begriffsbestimmung der Lücke zu geben und diese Begriffsbestimmung ausführlich zu entwickeln.

Es muß daher die genaue Bestimmung des Begriffs der Lücke unsere erste Aufgabe sein.

B. Der Begriff der Lücke im Recht.

I. Begriffsbestimmung.

Um über den Begriff der Lücke und über das Wesen der Lückenausfüllung zur Klarheit zu gelangen, ist es notwendig, zunächst die Ausgangspunkte festzustellen, von denen aus die hier sich bietenden Probleme in methodischem Vorgehen mit wissenschaftlicher Genauigkeit zu lösen sind.

Als solcher Ausgangspunkt bietet sich einmal der allgemeine Sprachgebrauch und sodann die begriffliche Erfassung der positiven Rechtsordnung.

a) Der Begriff „Lücke" im allgemeinen Sprachgebrauch.

Was im allgemeinen Sprachgebrauch als „Lücke" bezeichnet wird, mag das Beispiel einer Lücke in einem Zaun verdeutlichen, dem der Leser beliebige andere Beispiele zur Nachprüfung anfügen möge.

Eine Lücke in einem Zaun ist ein Zwischenraum innerhalb eines Zaunes.

Aber nicht jeder Zwischenraum innerhalb des Zaunes ist eine Lücke. Denn daß ein Zaun Zwischenräume hat, liegt im Begriffe des Zaunes und unterscheidet einen Zaun beispielsweise von einer Mauer. Eine Lücke in einem Zaun muß also ein besonders gearteter Zwischenraum sein, und das besondere Merkmal läßt sich dahin bestimmen: es ist ein Zwischenraum, dessen Vorhandensein dem gedankenmäßig oder tatsächlich zugrunde gelegten Plan des Zaunes widerspricht. Man kann kurz auch sagen: eine Lücke in einem Zaun ist ein planwidriger Zwischenraum innerhalb des Zaunes. Statt dessen könnte man auch sagen: Eine Lücke in einem Zaun ist ein Zwischenraum innerhalb des Zaunes, der dem Plane nach in gleicher Weise ausgefüllt sein sollte wie der übrige durch den Zaun ausgefüllte Raum.

Diesem Beispiel entnehmen wir als Definition des allgemeinen Begriffs der Lücke:

Eine Lücke ist ein planwidriger Zwischenraum innerhalb eines Ganzen.

Von dem Begriff „Lücke" wohl zu unterscheiden ist der Begriff „Mangel". Beiden Begriffen gemeinsam ist, daß sie ein Fehlen bezeichnen; der Begriff „Fehlen" ist der gemeinsame Oberbegriff, dem sich die Begriffe „Lücke" und „Mangel" als zwei verschiedene Unterbegriffe einordnen. Der Unterschied beider Unterbegriffe besteht in folgendem:

Der Begriff „Lücke" enthält eine Vergleichung des vorhandenen Zustandes mit dem geplanten Zustande, ohne Rücksicht auf einen mit dem vorhandenen oder geplanten Zustande verfolgten Zweck; die Bezeichnung „Lücke" enthält eine rein tatsächliche Feststellung und beruht auf einer reinen Tatsachenbetrachtung.

Der Begriff „Mangel" enthält eine Vergleichung des Betrachtungsgegenstandes mit dem Zweck, dem der Gegenstand dient, er enthält eine Wertung, ein Zweckurteil und bezeichnet die Untauglichkeit des Betrachtungsgegenstandes als Mittel zu einem Zwecke. Der Begriff „Mangel" beruht auf einer kritischen Betrachtung. Den

Unterschied zwischen Lücke und Mangel kann man nach alledem dahin zusammenfassen: Das Wort Lücke bezeichnet einen Quantitätsfehler, das Wort Mangel einen Qualitätsfehler.

Da die Begriffe „Lücke" und „Mangel" auf verschiedenen Betrachtungsarten beruhen, so sind sie auch keine reinen Gegensätze, und so erklärt sich, daß eine mangelhafte Sache nicht lückenhaft und eine lückenhafte Sache nicht mangelhaft zu sein braucht, es aber sein kann.

Auf Grund vorstehender Unterscheidung der Begriffe „Lücke" und „Mangel" können wir schon hier der Meinung entgegentreten, daß eine Lückenbetrachtung stets eine „abfällige Kritik" bedeute (Somlo, 1911, S. 65 a. a. O.). Diese Ansicht beruht auf einer ungenügenden sachlichen Scheidung der Begriffe „Lücke" und „Mangel". Die Lückenbetrachtung bringt lediglich einen tatsächlich vorhandenen, rein historisch ermittelten Zustand mit dem gleichfalls rein historisch ermittelten geplanten Zustand in Vergleichung und prüft, ob in dem tatsächlich vorhandenen der geplante Zustand in Vollständigkeit verwirklicht ist oder nicht. Mit einer Mängelbetrachtung, mit einer Kritik hat sie nichts zu tun, beide Betrachtungsarten gehen getrennt nebeneinander her [2]).

b) Der Begriff „Lücke" im Recht.

Wenn wir die bisherige Begriffsbestimmung der „Lücke": „eine Lücke ist ein planwidriger Zwischenraum innerhalb eines Ganzen" zur Bestimmung des Begriffs der „Lücke im Recht" verwenden wollen, so haben wir sie in zweierlei Hinsicht zu verändern:

Einmal muß die räumliche Bezeichnung „Zwischenraum" ausscheiden. Denn wenngleich das Recht — wenigstens soweit es in Druck oder Schrift niedergelegt ist — auch im Raume erscheint, so wollen wir es hier doch nicht auf seine räumlichen Lücken hin, etwa auf Lücken in den Gesetzestexten, untersuchen, sondern wir betrachten das Recht hier in seiner Eigenschaft als Gedankengefüge und wollen es auf Lücken im Gedankengefüge untersuchen.

Wir setzen daher an Stelle des Begriffes „Zwischenraum" den allgemeineren Begriff „Unvollständigkeit" und erhalten: Eine Lücke ist eine planwidrige Unvollständigkeit innerhalb eines Ganzen.

Sodann aber haben wir, da es sich um Lücken im Recht handelt, an Stelle des Begriffs eines „Ganzen" den Begriff „Recht" zu setzen und erhalten also:

*Eine Lücke im Recht ist eine **planwidrige Unvollständigkeit** innerhalb des **Rechts**.*

In dieser Definition sind nur drei Merkmale, die einer genaueren Bestimmung bedürfen: der Begriff „Planwidrigkeit", der Begriff „Unvollständigkeit" und der Begriff „Recht".

Beginnen wir zunächst mit der Bestimmung des letzten dieser Begriffe, mit der Bestimmung des Begriffes „Recht".

1. Der Begriff „Recht".

a) Wir haben schon in der Einleitung darauf hingewiesen, daß den Gegenstand unserer Untersuchung lediglich das positive Recht bildet. Wir können daher an Stelle des Begriffes Recht den Begriff „positives Recht" setzen. Unter positivem Recht aber verstehen wir den Inhalt einer jeweiligen, bedingten, positiven Rechtsordnung und unter Rechtsordnung den „Inbegriff

I. Begriffsbestimmung.

von objektivem Rechte, der in seiner Einheit als Rechtsgrund alles darunter stehenden rechtlichen Wollens gedacht ist" (Stammler, Theorie, 1911, S. 386/387; vgl. auch Stammler, Staatenloses Gebiet, 1911, S. 333). [Systematischer Begriff der Rechtsordnung [3]).]

Nun ergibt sich schon aus diesem Begriffe der Rechtsordnung, daß es Lücken in einer Rechtsordnung nicht geben kann. Die Vollständigkeit, die Lückenlosigkeit ist ja in die Begriffsbestimmung selbst mit aufgenommen worden, sie ist Begriffsmerkmal der Rechtsordnung. Eine Rechtsordnung als Ganzes kann niemals Lücken, sondern nur etwa Mängel haben.

Wenn man also bei dem Begriff „Lücken im Recht" das Wort „Recht" im Sinne von „Rechtsordnung" gebraucht, so muß man denjenigen beistimmen, welche die Möglichkeit von Lücken im Recht leugnen und ihr die logische Geschlossenheit des Rechts entgegenhalten.

b) Wenn man aber dennoch das Vorhandensein von Lücken im Recht heute allgemein annimmt, so kann dies nur geschehen, indem man dabei nur einen Teil der Rechtsordnung ins Auge faßt. Die Rechtsordnung im ganzen kann nicht lückenhaft sein, sondern nur etwa bestimmte Teile der Rechtsordnung. Es ist darum nicht zu billigen, wenn man schlechthin von „Lücken im Recht" spricht, ohne denjenigen Teil des Rechtes zu bezeichnen, bei dem man Lücken für vorliegend erachtet.

aa) Betrachtet man ganz allgemein, aus welchen Bestandteilen eine positive Rechtsordnung zusammengesetzt sein kann, so findet man: Eine Rechtsordnung kann bestehen aus Gesetzesrecht und aus außergesetzlichem Recht.

Das unverkennbare Merkmal des Gesetzesrechts ist,

daß es durch einen besonderen, ausdrücklichen Akt der Staatsgewalt seine festgeprägte Form erhalten hat, und an der staatlichen Prägung kann man jederzeit feststellen, ob man es mit Gesetzesrecht oder außergesetzlichem Recht zu tun hat, wie man an dem Gepräge eine staatliche Münze von sonstigen Münzen oder sonstigen Metallteilen unterscheiden kann.

Nun zerfällt allerdings das Gesetzesrecht wieder in mehrere Arten, man kann Gesetze in engerem Sinne (die wieder in Gesetze in formellem und materiellem Sinne sich scheiden lassen) von Verordnungen und Verfügungen unterscheiden. Aber all diesen Unterarten des Gesetzesrechts ist gemeinsam, daß sie das Vorhandensein einer Staatsgewalt voraussetzen, und daß sie durch einen ausdrücklichen Akt dieser Staatsgewalt ihre Form empfangen haben.

Für unsere Untersuchung interessiert die Scheidung des Gesetzesrechts in Unterarten nicht. Wenn wir daher im folgenden von Gesetzesrecht oder Gesetz reden, so haben wir dabei lediglich den Gattungsbegriff, das Gesetzesrecht im weiteren Sinne im Auge. Alles andere positive Recht bezeichnen wir als außergesetzliches Recht, dessen Merkmal, soweit es hier interessiert, also das rein negative ist, daß es seine äußere Form nicht durch Staatsakt erhalten hat.

bb) Der Inhalt einer positiven Rechtsordnung, ein positives Recht, kann nun hinsichtlich der vorstehend unterschiedenen Bestandteile theoretisch in dreifacher Weise gebildet sein: Eine positive Rechtsordnung kann α) lediglich aus außergesetzlichem Recht oder β) lediglich aus Gesetzesrecht oder γ) aus außergesetzlichem Recht und Gesetzesrecht entstehen.

α) Daß ein menschliches Zusammenleben zu einem festen Staatengebilde mit staatlichem Recht, mit Gesetzesrecht, gediehen sei, ist nicht notwendig, es hat in der Geschichte menschliches Zusammenleben gegeben und kann es jederzeit noch heute geben, bei dem der bürgerlich-rechtliche Teil der Rechtsordnung — den wir hier speziell betrachten — nicht auf Gesetz, sondern etwa auf Gewohnheitsrecht beruht.

β) Noch weniger ist zu bezweifeln, daß es Rechtsordnungen gegeben hat oder geben kann, die lediglich aus Gesetzesrecht bestehen. Als Beispiel kann die Rechtsordnung Justinians dienen, welcher in der Constitutio Tanta § 21 und der Constitutio Deo auctore § 12 bestimmte, daß nur das in seinen Gesetzen niedergelegte Recht angewendet werden dürfe, und damit das Gesetzesrecht zum alleinigen Inhalt der Rechtsordnung erklärte. Ein gleiches galt nach §§ 6, 46 ff. der Einleitung zum ALR. in Verbindung mit dem Publikationspatent vom 5. Februar 1794 und gilt noch heute bei uns im Gebiete des Strafrechts nach § 2 RStGB.

γ) Endlich lassen sich auch für die dritte Form, bei der außergesetzliches Recht neben dem Gesetzesrecht besteht, in der Geschichte Beispiele aufweisen; genannt seien nur die §§ 25 ff. des Sächs. Bürgl. Gesetzbuchs und der Artikel 1 Schweiz. ZGB., in denen die Duldung von außergesetzlichem Recht neben dem Gesetzesrecht ausdrücklich ausgesprochen ist.

Aus den angeführten Beispielen ergibt sich zugleich, daß es lediglich von der jeweiligen Gesetzgebung abhängt — soweit überhaupt Gesetze vorhanden sind —, ob zum Inhalte einer positiven Rechtsordnung lediglich Gesetzesrecht oder neben dem Gesetzesrecht noch außergesetzliches Recht gehört. Der Gesetzgeber kann außergesetzliches Recht neben dem Gesetzesrecht ausschließen oder dulden, ganz wie er es für richtig erachtet: es ist daher für jede einzelne Rechtsordnung stets gesondert zu prüfen, ob und inwieweit außergesetzliches Recht neben dem Gesetzesrecht in ihr enthalten sind.

Zwar meint Zitelmann (1903, S. 19 a. a. O.) im Anschluß an Brinz: „Im Hintergrunde aller besonderen Rechtssätze, die eine Handlung mit Strafe oder Schadenersatzpflicht bedrohen, steht als selbstverständlich und unausgesprochen der allgemeine negative Grundsatz, daß, von diesen besonderen Fällen abgesehen, alle Handlungen straffrei, ersatzfrei bleiben", und dieser angebliche negative Satz ist ein Ausfluß des von der historischen Schule vertretenen und besonders von Bergbohm (S. 372 ff. a. a. O.) betonten Prinzips der Geschlossenheit des Gesetzesrechts: quod non in lege nec in jure. Aber der Zitelmannsche Satz hebt sich selber auf. Da er „unausgesprochen" ist und nur Recht sein soll, was im Gesetz ausgesprochen ist, so gilt dieser Satz eben gleichfalls nicht[4]); erkennt man dagegen auch Unausgesprochenes als Recht an, so hat man damit das Gegenteil des Prinzips quod non in lege nec in jure bejaht. Dieses Prinzip kann gegenüber der theoretischen Möglichkeit eines dreifach verschiedenen Inhaltes einer Rechtsordnung und gegenüber der geschichtlichen Erfahrung unbedenklich als unrichtig bezeichnet werden. Es ist Frage der einzelnen Rechtsordnung, ob das Gesetzesrecht ihren alleinigen Inhalt bildet oder nicht.

Trotzdem aber läßt sich für die Beantwortung der Frage ein allgemeiner Gedanke verwerten. Die historische Betrachtung lehrt, daß es Rechtsordnungen, objek-

I. Begriffsbestimmung.

tives, positives Recht lange schon gegeben hat, ehe es Gesetze gab. Aus dieser zeitlichen Vorausfolge des außergesetzlichen Rechtes folgt aber — in Anwendung des Gesetzes der Beharrung, welches sich u. E. ebenso wie auf die Fortdauer subjektiver Rechte („Kontinuitätsprinzip") auch auf die Fortdauer des objektiven Rechts anwenden läßt —, daß das außergesetzliche Recht nur dann außer Kraft getreten ist, und daß also das Gesetzesrecht nur dann den alleinigen Bestandteil einer jeweiligen Rechtsordnung bildet, wenn die Ausschließlichkeit des Gesetzes zum Gesetzesinhalt gemacht und also das außergesetzliche Recht durch Gesetz aufgehoben worden ist. Wo und soweit dies nicht geschehen ist, muß die Fortdauer des außergesetzlichen Rechtes angenommen werden.

Es liegt nun nicht im Plane unserer Untersuchung, für bestimmte Gesetze oder gar Rechtsordnungen im einzelnen auszuführen, ob sie außergesetzliches Recht neben sich dulden oder nicht. Nur für das derzeitige deutsche Bürgerl. Recht sei folgendes bemerkt: Die im § 2 des I. Entw. des BGB. gegebene Bestimmung: „Gewohnheitsrechtliche Normen gelten nur insoweit, als das Gesetz auf Gewohnheitsrecht verweist" ist in der zweiten Kommission absichtlich gestrichen (vgl. Prot. 6, 362) und in das Gesetz selbst nicht aufgenommen worden. Daraus folgt einmal, daß jedenfalls das Gewohnheitsrecht nicht aufgehoben ist, und es folgt daraus weiter, da das Gesetz auch von etwaigem sonstigem außergesetzlichem Recht schweigt, daß auch dieses etwa neben dem Gewohnheitsrecht bestehende außergesetzliche Recht fortdauert. Für das BGB. steht demnach fest, daß es nicht „geschlossen" ist, sondern außergesetzliches Recht neben sich duldet[5]).

Wir sagten oben, daß man von Lücken im Recht nur sprechen könne, wenn man nur einen Teil der Rechtsordnung, nur einen Teil des positiven Rechts dabei im Auge habe.

Entsprechend den zwei möglichen Bestandteilen einer Rechtsordnung, dem Gesetzesrecht und dem außergesetzlichen Recht, könnte daher auch die Möglichkeit von Lücken im außergesetzlichen Recht, z. B. im Gewohnheitsrecht, in Frage kommen. In der vorliegenden Untersuchung ist nur die Frage nach „Lücken im Gesetz" zur Erörterung gestellt, wir werden daher nur diese Möglichkeit in näheren Betracht ziehen. Bezüglich der Möglichkeit von Lücken im außergesetzlichen Recht sei hier nur bemerkt, daß wir sie nicht für gegeben erachten, da das unten zu erörternde Lückenmerkmal der „Planwidrigkeit" sich bei Unvollständigkeiten des außergesetzlichen Rechtes nicht aufweisen läßt.

Um diese Beschränkung der Untersuchung auf die Lücken im Gesetz auch in der Definition des Begriffs der Lücke zum Ausdruck zu bringen, haben wir den bisherigen Begriff „Recht" durch den Begriff „Gesetz" als denjenigen Teil des positiven Rechts, welcher als möglicherweise lückenhaft in Betracht kommt, zu ersetzen und erhalten:

Eine Lücke im Gesetz ist eine **planwidrige Unvollständigkeit** *innerhalb des* **Gesetzes.**

2. Der Begriff „Unvollständigkeit".

Der zweite Begriff, welcher in unserer bisherigen Definition der Lücke im Gesetz noch zu erklären bleibt, ist der Begriff der „Unvollständigkeit".

I. Begriffsbestimmung.

Da wir hier eine Lückenbetrachtung, keine Mängelbetrachtung vornehmen, so kann unter dem Begriffe der "Unvollständigkeit", wie es sich aus dem Unterschiede der Begriffe Lücke und Mangel ergibt, nicht eine qualitative Unvollständigkeit — die richtiger mit Unvollkommenheit zu bezeichnen wäre —, sondern nur eine quantitative Unvollständigkeit, eine Unvollständigkeit im Bestande verstanden werden. Um also den Begriff der Unvollständigkeit eines Gesetzes näher zu bestimmen, haben wir zu untersuchen, woraus ein Gesetz besteht, und worin demnach eine Unvollständigkeit im Bestande des Gesetzes gefunden werden kann.

a) Betrachtet man ein beliebiges Gesetz daraufhin, woraus es besteht, woraus es zusammengesetzt ist, so findet man: Jedes Gesetz besteht aus Rechtssätzen.

Der Rechtssatz ist die Form, in der gesetzgeberische Gedanken zum Ausdruck gebracht werden. Daß alle uns bekannten Gesetze aus Rechtssätzen bestehen, daß überall der Rechtssatz als Form des Ausdruckes der gesetzgeberischen Gedanken verwendet worden ist, ist keineswegs zufällig, sondern der Rechtssatz ist die einzig mögliche und daher notwendige Form jedes rechtlichen Gedankenausdruckes überhaupt (vgl. des näheren hierüber Stammler, Theorie, 1911, VII, 3; IV, 12, 15, bes. S. 566 ff.).

Die Unvollständigkeit in dem gedanklichen Bestande der Gesetze — den allein wir hier berücksichtigen — muß also in einer Unvollständigkeit in bezug auf die Gesetzesrechtssätze bestehen, und sie besteht in einem Fehlen von Rechtssätzen im Gesetz.

Wir können also an Stelle des bisherigen Ausdruckes "Unvollständigkeit" den Ausdruck "Fehlen eines Rechtssatzes" setzen, unsere Definition würde also nunmehr lauten:

Eine Lücke im Gesetz ist das planwidrige **Fehlen eines Rechtssatzes** *innerhalb eines Gesetzes.*

b) Betrachten wir endlich, woraus ein Rechtssatz besteht, so finden wir: ein Rechtssatz ist die Verbindung eines Tatbestandes mit einer Rechtsfolge.

Die Verbindung von Tatbestand und Rechtsfolge ist die notwendige Form des Rechtssatzes, und damit zugleich also die notwendige Form des rechtlichen Gedankenausdruckes überhaupt.

Allerdings ist nicht jeder Rechtssatz notwendig ein genereller, es kann auch ein ganz konkreter Einzeltatbestand mit einer Rechtsfolge in einem Rechtssatze verbunden sein, aber daß überhaupt eine Verbindung von Tatbestand und Rechtsfolge vorliegt, ist notwendige Voraussetzung für das Vorliegen eines Rechtssatzes und damit zugleich eines rechtlichen Gedankens.

An dieser Auffassung des Rechtssatzes als einer Verbindung von Tatbestand und Rechtsfolge kann nicht irre machen, daß es Gesetzesbestimmungen gibt, wie die §§ 99, 100 unseres BGB., die sich nicht als Verbindungen von Tatbeständen mit Rechtsfolgen darstellen. Solche Gesetzesbestimmungen sind keine Rechtssätze, sondern nur Rechtssatzteile, sie bedürfen zur ihrer Verwendbarkeit des Einsetzens in einen Rechtssatz und sind, für sich allein, ohne Rücksicht auf ihre alsbaldige Einsetzung in einen Rechtssatz betrachtet, auch nicht Träger von Gesetzesgedanken. Erst durch Einsetzung in einen Rechtssatz erhalten sie Sinn und Bedeutung. Ihr selbständiges Dasein ist ein rein äußerliches, und sie verdanken dieses äußerlich selbständige Dasein einem Verfahren, welches dem der Arithmetik entspricht, wiederkehrende Teile vor Klammern zu setzen, was stets nur eine Vereinfachung des äußeren Ausdruckes, aber keine sachliche, gedankliche Änderung bedeutet. Auch die sogenannten „unvollständigen", „erläuternden" Rechtssätze bilden also keine Ausnahme von dem Satze, daß die notwendige Form des Rechtssatzes die Verbindung von Tatbestand und Rechtsfolge ist. An Stelle des Wortes „Rechtssatz" können wir also weiterhin in die Definition des Begriffs „Lücke im Gesetz" den Ausdruck „Verbindung eines Tatbestandes mit einer Rechtsfolge" einsetzen und erhalten:

Eine Lücke im Gesetz ist das planwidrige **Fehlen einer Verbindung eines Tatbestandes mit einer Rechtsfolge** *innerhalb des Gesetzes.*

Daraus, daß die Verbindung von Tatbestand und Rechtsfolge die notwendige Form des Rechtssatzes und der Rechtssatz die notwendige Form des rechtlichen Gedankenausdruckes überhaupt ist, ergibt sich auch, mit welchem Rechte wir oben an Stelle des Begriffes der „Unvollständigkeit" den Begriff „Fehlen eines Rechtssetzes" setzen konnten.

Man könnte zunächst daran denken, eine Unvollständigkeit in bezug auf Rechtssätze könne auch darin bestehen, daß etwa ein einzelner Rechtssatz in sich unvollständig sei derart, daß ein einzelnes Glied des Rechtssatzes fehle. Allein der Rechtssatz hat nur diese beiden Glieder: Tatbestand und Rechtsfolge, und sein Wesen besteht in der Verbindung dieser beiden Glieder. Würde also eines dieser Glieder fehlen, so würde kein Rechtssatz mehr vorliegen, die Unvollständigkeit innerhalb eines Rechtssatzes würde dem Fehlen des Rechtssatzes gleichstehen. Der Begriff der Unvollkommenheit in bezug auf Rechtssätze ist daher gleichbedeutend mit dem Fehlen von Rechtssätzen.

Deshalb wäre es auch irrig, zu meinen, das Lücken im Gesetz etwa darin bestehen könnten, daß zwar der Gesetzestatbestand im Gesetz enthalten sei, aber die Rechtsfolge im Gesetz fehle. Das ist ebenso unmöglich wie der Gedanke, daß es Gesetzesrechtsfolgen ohne Gesetzestatbestand geben könne.

Ein Gesetzestatbestand allein, ohne Rechtsfolge, würde rechtlich bedeutungslos sein, er hat Sinn und Bedeutung nur als Glied eines Rechtssatzes, der ihn mit einer Rechtsfolge verbindet. In allen nur denkbaren Fällen, in denen angeblich im Gesetz nur die Rechtsfolge fehlt, fehlt es immer zugleich an einer Verbindung des bestimmten Tatbestandes mit einer Rechtsfolge, an einem Rechtssatze für den bestimmten Fall.

In unserer bisherigen Definition der Lücke im Gesetz bedarf nun, abgesehen von dem unten zu erörternden Merkmal der Planwidrigkeit, noch ein anderes Begriffsmerkmal der näheren Erklärung: das Fehlen einer Verbindung von Tatbestand und Rechtsfolge innerhalb des Gesetzes. Es bleibt zu bestimmen, wann ein Fehlen einer solchen Verbindung vorliegt. Mit der Unsicherheit über diese Frage mag der Gedanke der Möglichkeit reiner Rechtsfolge-Lücken zusammenhängen.

Wir beantworten diese Frage mit einer Antwort auf diejenige Frage, welche den Gegensatz zu ihr bildet: Wann ist ein Tatbestand im Gesetz mit einer Rechtsfolge verbunden? Hat man die Antwort auf die letztere Frage gefunden, so ergibt sich die Antwort auf die negative Frage, wann eine Verbindung eines Tatbestandes mit einer Rechtsfolge im Gesetz fehlt, von selbst. Es be-

I. Begriffsbestimmung.

stehen nur die zwei Möglichkeiten: Entweder ist ein Tatbestand im Gesetz mit einer Rechtsfolge verbunden, oder er ist im Gesetz nicht mit einer Rechtsfolge verbunden. Hat man also festgestellt, welche Tatbestände im Gesetz mit einer Rechtsfolge verbunden sind, so steht damit zugleich fest, daß allen übrigen Tatbeständen die Verbindung mit einer Rechtsfolge im Gesetze fehlt.

Ehe wir auf die Beantwortung der positiven Fragen eingehen, haben wir zur Formulierung der Frage noch kurz zu bemerken: Die Frage läßt sich ohne Sinnesänderung auch dahin stellen: Wann ist ein Tatbestand im Gesetz geregelt? oder: Wann trifft ein Gesetzesrechtssatz, eine Gesetzesvorschrift, auf einen Tatbestand zu? Denn jede gesetzliche Regelung ist, wie wir sahen, eine Verbindung eines Tatbestandes mit einer Rechtsfolge in der Form eines Rechtssatzes. Es sind auch noch andere Formulierungen der Frage durchaus möglich. Auf den Wortlaut kommt es nicht an, „magis . . . . . . res quam verba intuitenda sunt" (Paulus D 23, 3; 41, 1).

aa) Zur Beantwortung der Frage sind zwei Arten der gesetzlichen Regelung zu unterscheiden: Die unmittelbare und die mittelbare [6]).

α) Eine unmittelbare gesetzliche Regelung liegt vor, wenn sowohl der Tatbestand als die Rechtsfolge unmittelbar im Gesetz bestimmt ist, z. B. le roi est mort, vive le roi. Dieser Art der Regelung entspricht das, was von Stammler als „geformtes" Recht bezeichnet worden ist; vgl. Theorie VII B, bes. 582.

β) Neben dieser unmittelbaren Regelung gibt es eine zweite Art der Regelung, die mittelbare.

Diese kann in dreierlei Weise eintreten: 1. Es kann der Tatbestand mittelbar, die Rechtsfolge unmittelbar bestimmt sein („Wichtiger Kündigungsgrund" §§ 626, 723 BGB., „Mißbrauch des Rechtes" § 1353 BGB., vgl. auch § 1568 BGB.). 2. Es kann der Tatbestand unmittelbar, die Rechtsfolge mittelbar bestimmt sein (Bewirkung der Leistung „nach Treu und Glauben" § 242 BGB.; „übliche Vergütung" §§ 612 Abs. 2, 632 Abs. 2 BGB.). 3. Es kann sowohl Tatbestand als auch Rechtsfolge mittelbar bestimmt sein [§ 1298 Abs. 3 „wichtiger Grund" = mittelbare Tatbestandsbestimmung in Verbindung mit § 1298 Abs. 2 die „den Umständen nach angemessenen" Aufwendungen = mittelbare Bestimmung der Rechtsfolge; vgl. auch § 1300 BGB. „unbescholtene" Verlobte und „billige Entschädigung"[7])].

Dieser mittelbaren Art der Regelung entspricht im wesentlichen das, was Stammler als „auszuwählendes" Recht bezeichnet hat.

Welche der drei Arten der mittelbaren Regelung auch vorliegen mag, immer ist es doch eine gesetzliche Regelung. Der Unterschied von der unmittelbaren Regelung besteht nur darin, daß das Gesetz hier nicht beide Glieder des Rechtssatzes, Tatbestand und Rechtsfolge, unmittelbar selbst bestimmt, sondern daß diese Glieder hier bestimmt werden durch Verweisung an eine vom Gesetzgeber verschiedene Autorität. Ob diese Autorität der Richter, die Allgemeinheit, die Idee des Rechtes ist, ist für unsere Einteilung hier gleichgültig. Eine gesetzliche Regelung ist auch im Falle der mittelbaren Regelung vorhanden, was man am ehesten vielleicht daraus ersehen mag, daß eine Verletzung einer solchen gesetzlichen Vorschrift die Revision begründen würde.

Der Unterschied zwischen unmittelbarer und mittel-

I. Begriffsbestimmung.

barer Regelung ist letzten Endes nur ein relativer, denn auch die unmittelbare Regelung enthält im Grunde eine Verweisung, nämlich eine Verweisung auf den Sprachgebrauch, und es können auch hier Zweifel auftauchen, ob der Sprachgebrauch der Allgemeinheit oder ein sonstiger Sprachgebrauch maßgebend sein soll.

Für die Frage, wann ein Tatbestand im Gesetz geregelt ist und wann es an einer gesetzlichen Regelung eines Tatbestandes fehlt, kommt nicht nur die unmittelbare, sondern auch die mittelbare Regelung in Betracht. Ist ein Tatbestand auch nur mittelbar im Gesetz mit einer Rechtsfolge verbunden, so fehlt es nicht an einer Verbindung des Tatbestandes mit einer Rechtsfolge im Gesetz; eine Lücke des Gesetzes liegt also in diesem Falle nicht vor [8]).

Wollte man noch Bedenken dagegen haben, daß ein nur mittelbar im Gesetz geregelter Tatbestand kein Lückenfall sei, so sei schon hier darauf hingewiesen, daß der Annahme, bei nur mittelbarer Regelung liege eine Lücke des Gesetzes vor, noch das weitere Merkmal des Lückenbegriffes entgegensteht, daß das Fehlen einer gesetzlichen Regelung ein planwidriges sein muß. Gerade die mittelbar regelnden, verweisenden Gesetzbestimmungen sind ganz unbezweifelbar planmäßig, sind bewußter- und gewolltermaßen an Stelle unmittelbarer Regelungen in die Gesetze aufgenommen worden.

bb) Im bisherigen haben wir festgestellt, welche Arten der gesetzlichen Regelung es gibt. Es bleibt noch festzustellen, wann denn nun die eine oder andere Art der gesetzlichen Regelung vorliegt.

Hierbei ist folgendes zu beachten: Ein konkreter Tatbestand mit all seinen Einzelheiten ist im Gesetz niemals geregelt. Es liegt im Begriffe der Regelung, der Regel, daß sie gewisse Einzelheiten der Einzelfälle übergeht und nur das mehreren Fällen Gemeinsame in Betracht zieht. Das Gesetz als eine Regelung muß daher gleichfalls von gewissen Einzelheiten absehen, es muß nach dem besonders von Jhering (Geist des röm. R. II S. 317 ff.) beleuchteten Prinzip der analytischen Vereinfachung des Tatbestandes verfahren, d. h. es kann nur gewisse Teile konkreter Tatbestände in die Gesetzestatbestände aufnehmen.

Auch wenn man also von einem Tatbestand sagen kann, er sei gesetzlich geregelt, so kann das immer nur heißen: der Tatbestand enthält diejenigen Bestandteile, die in einem Gesetzestatbestand aufgeführt sind und an die vom Gesetz eine bestimmte Rechtsfolge geknüpft ist.

Voraussetzung dafür, daß man von einem Tatbestand sagen kann, er sei gesetzlich geregelt, ist nun:

α) daß der Tatbestand alle diejenigen Bestandteile aufweist, welche den Gesetzestatbestand bilden.

Denn wenn der Tatbestand nur einen Teil dieser Bestandteile enthält, so ist er ein ganz anderer Fall als derjenige, an den als Voraussetzung die Gesetzesrechtsfolge sich anknüpft. Es kann sich dann nur etwa fragen, ob das Gesetz nicht auch an diesen anderen Tatbestand trotz seiner Verschiedenheit von dem gesetzlich geregelten die gleiche Rechtsfolge geknüpft haben würde, wenn es ihn geregelt hätte. Aber wirklich geregelt ist der Fall im Gesetz nicht. Es fehlt an einer Verbindung dieses Tatbestandes mit einer Rechtsfolge im Gesetz.

Voraussetzung ist aber noch:

β) daß der Fall außer den im Gesetzestatbestand enthaltenen Bestandteilen keine anderen Bestand-

1. Begriffsbestimmung.

teile enthält als solche, welche unzweifelhaft unerheblich im Sinne des Gesetzes sind. (Über die Bedeutung der Begriffe erheblich und unerheblich vgl. unten S. 24 ff.) Enthält der Tatbestand noch andere Bestandteile, so ist er wiederum ein ganz anderer Fall als der gesetzlich geregelte und ist im Gesetz nicht geregelt. Es kann sich dann ebenfalls nur wieder fragen, ob nicht das Gesetz trotzdem an diesen Fall die gleiche Rechtsfolge geknüpft haben würde, wenn es ihn geregelt hätte.

Die Frage, wann ein Tatbestand im Gesetz mit einer Rechtsfolge verbunden ist, ist also dahin zu beantworten: Ein Tatbestand ist gesetzlich geregelt, wenn er alle im Gesetzestatbestand enthaltenen und keine sonstigen im Sinne des Gesetzes erheblichen Bestandteile aufweist.

Allen übrigen Tatbeständen fehlt die gesetzliche Regelung, fehlt die Verbindung mit einer Rechtsfolge im Gesetz.

Diesen Fällen gegenüber liegen also Lücken im Gesetz vor, soweit sie auch noch das letzte Merkmal unseres Lückenbegriffes tragen, daß das „Fehlen einer Verbindung mit einer Rechtsfolge im Gesetz" ein „planwidriges" ist.

An dieser Feststellung, daß solchen Fällen gegenüber Lücken im Gesetz vorliegen, kann nichts ändern, daß es etwa mit Hilfe irgendeiner besonderen Interpretationsmethode möglich ist, auch an diese Tatbestände Gesetzesrechtsfolgen zu knüpfen. Die Anwendung einer besonderen Interpretationsmethode — besondere Interpretation im Gegensatz zur bloßen Auslegung zwecks Klarstellung des Sinnes unklarer Bestimmungen — setzt das Vorhandensein einer Lücke im Gesetz geradezu voraus, denn sonst wäre zu einer besonderen Interpretation weder Anlaß noch Raum. Die Frage, mit Hilfe welches etwaigen Interpretationsverfahrens die Rechtsfolge für diese Tatbestände zu finden ist, ist eine Frage der Lückenausfüllung[9]).

Auch wäre es verfehlt, wenn man annehmen wollte, auch die im Gesetz nicht unmittelbar oder mittelbar geregelten Fälle seien etwa doch im Gesetz dadurch geregelt, daß ein Gesetz bestimmt, diese Fälle seien nach den sich aus dem Geiste der Rechtsordnung ergebenden Grundsätzen (§ 1 des I. Entw. BGB.) oder nach der Regel zu entscheiden, die der Richter als Gesetzgeber aufstellen würde (Art. 1 Abs. 2 Schweiz. ZGB.). Durch eine solche Gesetzesbestimmung ist auch eine nur mittelbare gesetzliche Regelung nicht getroffen, denn es ist weder der einzelne Tatbestand noch die einzelne Rechtsfolge durch Verweisung bestimmt, es fehlt hier im Gegensatz zur unmittelbaren oder mittelbaren Regelung an einem Rechtssatze. Durch solche Bestimmungen ist vielmehr nur zum Ausdruck gebracht, daß das Gesetzesrecht nicht der alleinige Bestandteil der Rechtsordnung sein soll. sondern daß das Gesetz außergesetzliches Recht neben sich duldet, und gerade nach diesen Bestimmungen soll der Rückgriff auf das außergesetzliche Recht nur dann zulässig sein, wenn „dem Gesetz keine Vorschrift entnommen werden kann". Das Fehlen einer gesetzlichen Regelung bildet also die Voraussetzung der Anwendung solch allgemeiner Grundsätze.

3. Der Begriff „Planwidrigkeit".

Wenn wir als Voraussetzung des Vorliegens einer Lücke im Gesetz neben dem des „Fehlens einer Verbindung eines Tatbestandes mit einer Rechtsfolge im

I. Begriffsbestimmung.

Gesetz" auch noch das Begriffsmerkmal der „Planwidrigkeit" als notwendig aufstellen, so mag es zunächst scheinen, als ob dies ein willkürliches, sachlich nicht gerechtfertigtes Festhalten an den Merkmalen des Begriffs der Lücke nach allgemeinem Sprachgebrauch sei. Allein die folgende Untersuchung wird zeigen, daß der Begriff der „Lücke im Gesetz" sprachlich durchaus richtig gebildet ist, und daß zum Vorliegen einer Lücke im Gesetz zu dem „Fehlen einer Verbindung eines Tatbestandes mit einer Rechtsfolge im Gesetz" noch ein der „Planwidrigkeit" entsprechendes Merkmal hinzukommen muß. Nicht jedes „Fehlen einer Verbindung eines Tatbestandes mit einer Rechtsfolge im Gesetz" berechtigt dazu, von einer Lücke zu sprechen.

Gegenüber den sogenannten „gesellschaftlichen" Tatbeständen, die doch im Gesetz auch nicht mit einer Rechtsfolge verbunden sind, wird niemand von Lücken des Gesetzes sprechen, und es besteht auch zwischen ihnen und denjenigen Tatbeständen, die man gemeinhin als Lückenfälle bezeichnet, zweifellos ein Unterschied. Es kann sich nur fragen, worin dieser Unterschied besteht.

Zur Feststellung dieses Unterschiedes soll uns das in dem allgemeinen Begriff der Lücke enthaltene Merkmal der „Planwidrigkeit" dienen.

Um feststellen zu können, ob das Fehlen einer gesetzlichen Regelung eines Tatbestandes ein planwidriges ist oder nicht, muß man wissen, welchen Plan ein Gesetz bei seiner Regelung verfolgt hat.

Daß diese Frage nach dem Plan eines Gesetzes nicht in gleicher Weise für alle Gesetze gelöst werden kann, daß es vielmhr durchaus Einzelfrage des einzelnen Gesetzes ist, welchen Umfang ein Gesetz seinem Plane nach haben sollte, bedarf keiner besonderen Begründung.

Aber trotzdem läßt sich für die Gesetze der modernen Kulturstaaten, und jedenfalls für die derzeitigen Gesetze des Deutschen Reiches, eine übereinstimmende Antwort auf diese Frage geben. Es läßt sich nämlich für diese Gesetze unbedenklich behaupten, daß sie in Verfolg des Kodifikationsprinzipes den Plan gehabt haben, alle irgendwie im Sinne des Gesetzes rechtlich erheblichen Tatbestände durch Gesetz mit einer Rechtsfolge zu verbinden.

Man wird daher da, wo in diesen Gesetzen die Verbindung eines rechtlich erheblichen Tatbestandes mit einer Rechtsfolge fehlt, dieses Fehlen stets als ein planwidriges ansehen können, und wird demgemäß gegenüber einem solchen Tatbestande stets von einer Lücke im Gesetz sprechen können.

Da wir die heutige Gesetzgebung zum speziellen Gegenstand unserer Betrachtung gewählt haben und unsere Aufstellungen nur für diese gelten sollen, so können wir in unserer bisherigen Definition der Lücke im Gesetz: „eine Lücke im Gesetz ist das planwidrige Fehlen einer Verbindung eines Tatbestandes mit einer Rechtsfolge innerhalb des Gesetzes" nunmehr das Merkmal der Planwidrigkeit durch die nähere Bestimmung ersetzen:

*Eine Lücke im Gesetz ist das Fehlen einer Verbindung eines **rechtserheblichen** Tatbestandes mit einer Rechtsfolge innerhalb des Gesetzes.*

Hier erhebt sich nun aber die Frage, woran man denn die Rechtserheblichkeit eines Tatbestandes, der im Gesetz nicht geregelt ist, erkennen könne.

I. Begriffsbestimmung.

Ehe wir diese Frage beantworten, die wir als das an Schwierigkeit und Tragweite wichtigste Problem der vorliegenden Untersuchung ansehen müssen, haben wir die Vorfrage zu erledigen, was ein rechtserheblicher Tatbestand sei.

Unsere Antwort auf diese Vorfrage lautet:

Ein rechtserheblicher Tatbestand ist ein Tatbestand, der mit einer Rechtsfolge [10]) verbunden ist.

In dem Gedanken der Rechtserheblichkeit eines Tatbestandes liegt der Gedanke notwendig beschlossen, daß der Tatbestand eine Rechtsfolge habe, die Verbundenheit mit einer Rechtsfolge macht die Rechtserheblichkeit eines Tatbestandes aus. Dies zeigt sich, wenn man die Frage umkehrt und festzustellen sucht, was es heißt: ein Tatbestand ist rechtlich unerheblich. Die Rechtsunerheblichkeit eines Tatbestandes besagt nichts anderes, als daß der Tatbestand als Voraussetzung für die Anknüpfung einer Rechtsfolge nicht in Betracht kommt, daß der Tatbestand keinerlei Rechtsfolgen nach sich zieht.

Aus dieser Feststellung ergibt sich zweierlei:

a) Ein Tatbestand kann rechtserheblich immer nur im Sinne einer bestimmten positiven Rechtsordnung sein, denn Rechtsfolgen sind nur im Rahmen einer positiven Rechtsordnung denkbar; der Gedanke einer Rechtsfolge außerhalb einer positiven Rechtsordnung enthielte eine contradictio in adjecto.

Auch würde mit der Annahme, daß die Rechtserheblichkeit eines Tatbestandes unabhängig sei von den jeweiligen positiven Rechtsordnungen, die historische Tatsache in unlösbarem Widerspruch stehen, daß nach der einen Rechtsordnung diese, nach der anderen Rechtsordnung jene Tatbestände rechtserheblich sind und daß, soweit die gleichen Tatbestände nach verschiedenen Rechtsordnungen rechtserheblich sind, die eine Rechtsordnung an die gleichen Tatbestände andere Rechtsfolgen knüpft als die andere Rechtsordnung.

Ist aber ein Tatbestand rechtserheblich immer nur im Sinne einer bestehenden Rechtsordnung, so ergibt sich daraus, daß die Rechtserheblichkeit eines Tatbestandes nicht nur darin besteht, daß der einzelne Tatbestand überhaupt **irgendeine** Rechtsfolge habe, sondern daß er eine ganz **bestimmte** Rechtsfolge habe. Denn die Rechtsordnung ist ein Inbegriff von **Entscheidungen** über die Rechtsfolgen von Tatbeständen (funktioneller Begriff der Rechtsordnung). Das Urteil: Ein Tatbestand liegt innerhalb einer bestimmten Rechtsordnung, besagt: der Tatbestand ist rechtlich geordnet, es ist über seine Rechtsfolge entschieden, er hat eine bestimmte Rechtsfolge nach dieser Rechtsordnung.

Ist ein Tatbestand überhaupt rechtserheblich, so muß also die bestimmte Rechtsfolge dieses Tatbestandes schon in dem Augenblicke **objektiv** feststehen — was freilich etwas anderes besagt, als bereits verwirklicht, durchgeführt sein —, in welchem der Tatbestand sich ereignet.

Damit steht nicht in Widerspruch, daß im Bewußtsein der die Rechtserheblichkeit des Tatbestandes feststellenden **Subjekte** regelmäßig zunächst nur die Erkenntnis auftaucht: dieser Tatbestand hat irgendeine Rechtsfolge und später erst die Erkenntnis der bestimmten Rechtsfolge. Diese Beobachtung beruht auf einer psychogenetischen Betrachtung, auf einer Betrachtung der Entstehung der Erkenntnis im einzelnen Subjekt.

Betrachtet man dagegen dasjenige, was im Bewußtsein

eines jeden die Rechtserheblichkeit eines Tatbestandes Feststellenden bei konsequentem Ausdenken des Gedankens der Rechtserheblichkeit notwendig eintreten muß (kritische Betrachtung), so ergibt sich, daß mit dem Gedanken der Rechtserheblichkeit eines Tatbestandes auch die bestimmte Rechtsfolge, die der Tatbestand nach der in Betracht gezogenen positiven Rechtsordnung hat, notwendig gedacht wird; würde sich die bestimmte Rechtsfolge des Tatbestandes nicht aufweisen lassen, so würde auch der Gedanke der Rechtserheblichkeit dieses Tatbestandes nicht aufrecht zu erhalten sein.

Diese Feststellung gilt nun in gleicher Weise für das Gesetzesrecht wie für das außergesetzliche Recht.

Wollte man ihre Richtigkeit bestreiten, so müßte man annehmen, daß ein Tatbestand erst von dem Augenblick an rechtserheblich sei und also erst von dem Augenblick eine bestimmte Rechtsfolge habe, in welchem der Beurteiler sich der bestimmten Rechtsfolge subjektiv bewußt würde, und käme dann beispielsweise zu dem Ergebnis, daß der Richter sich die Mühe der Auffindung der bestimmten Rechtsfolge, des Sichbewußtwerdens über die bestimmte Rechtsfolge damit ersparen könnte, daß er jede beliebige Klage, gleichgültig, ob sie sich auf Gesetzesrecht oder außergesetzliches Recht stützt, mit der Begründung abweist: Der der Klage zugrundeliegende Tatbestand ist kein rechtserheblicher, hat keine bestimmte Rechtsfolge, denn ich bin mir der bestimmten Rechtsfolge des Tatbestandes nicht bewußt.

Wir können also die obige Vorfrage, was ein rechtserheblicher Tatbestand sei, jetzt genauer dahin beantworten: Ein rechtserheblicher Tatbestand ist ein Tatbestand, welcher in einer bestimmten Rechtsordnung mit einer bestimmten Rechtsfolge verbunden ist.

b) Wenn wir nunmehr an die Beantwortung der obigen Hauptfrage gehen: Woran erkennt man die Rechtserheblichkeit eines im Gesetz nicht geregelten Tatbestandes? (S. 24), so ergibt sich aus der vorstehenden Bestimmung des Begriffes der Rechtserheblichkeit für die Beantwortung dieser Frage:

aa) Der nicht im Gesetz geregelte rechtserhebliche Tatbestand muß innerhalb einer bestimmten Rechtsordnung liegen.

bb) Er muß nach dieser bestimmten Rechtsordnung mit einer bestimmten, objektiv bereits feststehenden Rechtsfolge verbunden sein.

Da nun aber die Fälle, die wir hier betrachten, die Lückenfälle, nur im Gesetz nicht geregelte Fälle sind, also Fälle, denen eine Verbindung mit einer Rechtsfolge innerhalb des Gesetzes fehlt, so kann die Rechtserheblichkeit dieser Fälle nur auf außergesetzlichem Recht beruhen, denn Gesetzesrecht und außergesetzliches Recht bilden, wie wir oben Seite 12 ff. sahen, die einzig denkbaren Bestandteile einer positiven Rechtsordnung. Wir müssen also unsere Begriffsbestimmung der „Lücke im Gesetz": „Eine Lücke im Gesetz ist das Fehlen einer Verbindung eines rechtserheblichen Tatbestandes mit einer Rechtsfolge innerhalb des Gesetzes" dahin ergänzen:

Eine Lücke im Gesetz ist das Fehlen einer Verbindung eines **nach außergesetzlichem Recht** *rechtserheblichen Tatbestandes mit einer Rechtsfolge innerhalb des Gesetzes.*

Aber auch diese Begriffsbestimmung ist noch unvollständig.

Wir fanden oben (S. 7 ff.), ein Gesetz kann außer-

I. Begriffsbestimmung.

gesetzliches Recht ausschließen oder neben sich dulden, und es ist lediglich Frage des einzelnen Gesetzes, ob es außergesetzliches Recht neben sich duldet oder nicht. Diese Feststellung ist für die Frage der Möglichkeit des Vorliegens von Lücken im Gesetz von ausschlaggebender Bedeutung.

Duldet nämlich ein Gesetz kein außergesetzliches Recht neben sich, bildet also das Gesetzesrecht den alleinigen Inhalt einer Rechtsordnung, so kann es in dieser Rechtsordnung andere rechtserhebliche Tatbestände als die nach dem Gesetzesrecht rechtserheblichen, die durch Gesetz mit einer bestimmten Rechtsfolge verbundenen, nicht geben. Es kann dann also auch keine nach außergesetzlichem Recht rechtserheblichen Tatbestände geben und demnach in diesem Gesetz auch keine Lücken, sondern nur etwa Mängel.

Auch die Frage, ob ein Gesetz Lücken haben kann oder nicht, ist also lediglich eine Frage des Einzelgesetzes.

Duldet dagegen ein Gesetz außergesetzliches Recht neben sich, und gehört also zum Inhalte der bestimmten Rechtsordnung auch außergesetzliches Recht, dann kann auch ein im Gesetz nicht geregelter Tatbestand dennoch rechtserheblich sein, nämlich kraft des außergesetzlichen Rechtes. Die Rechtserheblichkeit der nicht im Gesetz geregelten Fälle hängt also davon ab, daß das auf seine Lückenhaftigkeit hin betrachtete Gesetz außergesetzliches Recht neben sich duldet.

Auch diese Feststellung ist in die Definition der Lücke im Gesetz aufzunehmen, und wir erhalten also:

Eine Lücke im Gesetz ist das Fehlen einer Verbindung eines nach außergesetzlichem, **vom Gesetz geduldetem,**

B. Der Begriff der Lücke im Recht.

Recht rechtserheblichen Tatbestandes mit einer Rechtsfolge innerhalb des Gesetzes.

Hier aber taucht eine neue Frage auf: Woran erkennt man dieses außergesetzliche Recht, welches zusammen mit dem Gesetzesrecht den Inhalt einer positiven Rechtsordnung ausmacht und kraft dessen ein nicht im Gesetz geregelter Tatbestand ein rechtserheblicher, ein Lückenfall ist?

Wir hatten bisher (oben S. 8) das außergesetzliche Recht lediglich nach seiner negativen Seite hin gekennzeichnet als dasjenige Recht, welches nicht Gesetzesrecht ist. Es gilt nunmehr, seine positiven Merkmale zu bestimmen.

Um dies in klarer Weise tun zu können, muß eine andere Art der Betrachtung des Inhaltes einer jeweiligen Rechtsordnung eingreifen als bei der bisherigen Scheidung in gesetzliches und außergesetzliches Recht. Diese bisherige Scheidung beruhte auf einer Betrachtung der äußeren Erscheinung, der äußeren Form des Rechtes. Wir haben nunmehr das Recht auf seinen Geltungsgrund hin zu betrachten.

Von dem Gelten eines Rechtes spricht man in einem doppelten Sinne:

Man bezeichnet als geltendes Recht einmal dasjenige, welches in dem gerade in Betracht gezogenen Rechtsleben verwirklicht ist, welches dort tatsächliche Anwendung findet oder fand [11]).

Weiter aber bezeichnet man als geltendes Recht dasjenige, welches mit Grund Anwendung findet oder fand, dasjenige, welches Anwendung finden soll oder sollte.

Diese beiden Verschiedenheiten der Bedeutung des Wortes „gelten" beruhen auf zwei verschiedenen Betrachtungsweisen. Die erstere Betrachtungsart betrachtet dasjenige, was ist, die zweite dasjenige, was sein soll (explikative-normative Betrachtung).

Wir gebrauchen im folgenden das Wort „gelten" lediglich im Sinne der zweiten Alternative und bezeichnen als geltendes Recht lediglich das Recht, welches mit Grund Anwendung findet, welches Anwendung finden soll.

Dieses geltende Recht zerfällt, seinem verschiedenen Geltungsgrunde nach, in zwei verschiedene Arten.

Die erste Art ist das Gesetzesrecht. Das Gesetzesrecht gilt, es soll Anwendung finden, weil es vom Staate so befohlen ist, Geltungsgrund des Gesetzes ist der staatliche Befehl. Gesetze werden erlassen, um angewendet zu werden, soweit also das Gesetz reicht, erübrigt sich die Frage, weshalb es angewendet werden soll, es ist Gesetz, also ist es anzuwenden. Der beamtete Richter, der seine Stellung erst dem Staate verdankt, soll das Gesetz anwenden, weil der Staat es befiehlt, und derjenige, den die richterliche Entscheidung betrifft, soll sich ihr fügen, denn sie beruht auf Gesetz.

Aber wie steht es mit dem Recht, das nicht Gesetzesrecht ist? Hier kann der Richter sich nicht darauf berufen: Es ist Gesetz, folglich ist es anzuwenden; und demjenigen, den die richterliche Entscheidung betrifft, kann man nicht entgegenhalten: Du mußt dich fügen, denn die Entscheidung beruht auf Gesetz. Hier muß also ein anderer Grund eingreifen, weshalb der Richter es anwenden und weshalb die Partei sich fügen soll.

Diese zweite Art des geltenden Rechts ist das geltende Recht im engeren Sinne. Es gilt, nicht weil es so vom

Staat befohlen ist, sondern es trägt seinen Geltungsgrund in sich selbst.

Das Merkmal dieses geltenden Rechtes im engeren Sinne ist, daß es die Möglichkeit hat, als Recht, als unverletzbares, selbstherrliches, verbindendes Wollen innerlich anerkannt zu werden. Dieses Recht hat Jung im Auge, wenn er (Natürliches Recht, 1912, S. 127) sagt: „Gelten bedeutet im letzten Grunde allemal nur ein Beherrschtwerden der Gemüter." Nur dasjenige soziale Wollen, welches die Möglichkeit hat, innerlich als selbstherrlich und unverletzbar, als über dem Einzelwollen stehende Norm anerkannt zu werden, ist Recht im eigentlichen Sinne des Wortes, und das innerhalb einer Rechtsordnung neben dem Gesetzesrecht bestehende außergesetzliche Recht, das Recht, kraft dessen im Gesetz nicht geregelte Fälle überhaupt rechtserheblich, überhaupt Lückenfälle sind, kann nur dieses Recht sein. Jedes andere soziale Wollen würde der bindenden Kraft ermangeln. Denn es gibt nur zwei Gründe der bindenden Kraft, der Geltung eines Rechts: Den äußeren Zwang, der dem Gesetzesrecht Kraft verleiht, und den inneren Zwang, die Möglichkeit innerer Anerkennung, die dem außergesetzlichen Rechte bindende Kraft gibt.

Allerdings können beide Bindungsgründe zusammentreffen: Das Gesetzesrecht kann neben der äußeren Erzwingbarkeit, neben dem äußeren Geltungsgrunde auch die Möglichkeit haben, innerlich als bindende Norm anerkannt zu werden, auch den inneren Geltungsgrund, den Geltungsgrund im engeren Sinne haben.

Aber ob ein Gesetz zugleich Geltung im engeren Sinne hat, ist Einzelfrage; denn ein Gesetz kann auch willkürlich sein, ungeeignet zu innerer Anerkennung, und dennoch gelten, kraft äußeren staatlichen Zwanges. Bei dem außergesetzlichen Recht entfällt dieser äußere Zwang, es kann sich lediglich auf seine innere Zwangsgewalt, auf seine Fähigkeit stützen, innerlich als unverletzbare bindende Norm anerkannt zu werden. Fehlt einem sozialen Wollen — welches nicht Gesetzesrecht ist — diese Fähigkeit, so kann es nicht Recht, sondern nur Willkür sein, ein solches soziales Wollen würde nicht geltendes Recht im Sinne einer bestimmten Rechtsordnung sein, kein Recht, welches angewandt werden soll. Weder der Richter würde verpflichtet sein, es anzuwenden, noch würden die Parteien verpflichtet sein, sich ihm zu fügen.

Das Merkmal des außergesetzlichen Rechtes, des Lückenrechtes, fanden wir im bisherigen darin, daß es die Möglichkeit innerer Anerkennung haben müsse. Damit ist das außergesetzliche Recht jedoch noch nicht genügend bestimmt. Denn es fragt sich, a) unter welcher Voraussetzung die Möglichkeit innerer Anerkennung gegeben ist, und b) bei welchen Personen die Möglichkeit innerer Anerkennung vorliegen, für welche Person es gelten muß. Erst wenn diese beiden Fragen beantwortet sind, ist die Eigenart des außergesetzlichen geltenden Rechtes, des Lückenrechtes, wirklich klargestellt.

a) Zur Beantwortung der ersten Frage müssen wir zunächst feststellen, was der Begriff der Möglichkeit innerer Anerkennung überhaupt besagt, und zwar handelt es sich hier darum, festzustellen, was es bedeutet, daß ein fremder Willensinhalt die Möglichkeit der inneren Anerkennung bei anderen Personen hat.

Wir finden: Die Möglichkeit innerer Anerkennung eines fremden Willensinhaltes durch andere Personen besagt die Möglichkeit, daß dieser fremde Willensinhalt zugleich Willensinhalt der anderen Personen sein könnte. Ein fremder Willensinhalt hat die Möglichkeit innerer Anerkennung durch andere, wenn er nicht auf den Willensumkreis des Wollenden beschränkt ist, sondern zugleich auch von anderen gewollt werden könnte. Jemand erkennt den Willen eines anderen an, wenn er selbst in der gleichen Lage das Gleiche wollen würde.

Diese Möglichkeit ist aber nur gegeben, wenn der Willensinhalt der Ausfluß eines Grundsatzes ist, der dem Wollenden mit anderen gemeinsam ist. Ist ein Wollen lediglich subjektiv bedingt, so kann es niemals die Möglichkeit haben, auch von anderen gewollt zu werden.

Voraussetzung dafür, daß ein Wollen die Möglichkeit hat, von anderen innerlich anerkannt zu werden, ist, daß es aus einer Willensgrundlage erwachsen ist, die dem Wollenden mit dem anderen gemeinsam ist. Es muß einem Prinzip entsprechen, welches den in Betracht Gezogenen gemeinsam ist, einem in diesem Sinne allgemeinen = allen Beteiligten gemeinsamen Prinzip.

Damit dürfen wir die obige erste Frage, unter welcher Voraussetzung die Möglichkeit innerer Anerkennung eines Wollens gegeben ist, als beantwortet ansehen. Mit der weiteren Frage, wie nun dieses gemeinsame Prinzip, auf dem die Geltung des Lückenrechtes beruht, zu ermitteln sei, werden wir uns im zweiten, die Frage der Lückenausfüllung behandelnden Teil der vorliegenden Untersuchung zu beschäftigen haben.

b) Die zweite obige Frage lautete: Bei welchen Personen muß die Möglichkeit innerer Anerkennung vorliegen?

Wir können diese Frage auf Grund der Beantwortung

der Frage zu a) jetzt dahin umformen: Welchen Personen muß das Prinzip, auf dem die Möglichkeit innerer Anerkennung beruht, gemeinsam sein? Und diese Frage wieder können wir dahin umformen: Für welche Person muß das außergesetzliche, das Lückenrecht, gelten?

Unsere Antwort lautet: Das Lückenrecht muß gelten zwischen den Parteien, es muß die Möglichkeit innerer Anerkennung bei den Parteien haben, also Ausfluß eines Prinzipes sein, das den Parteien gemeinsam ist.

Diese Beschränkung der Geltung auf die Parteien mag zunächst auf Widerspruch stoßen, aber mehr das Gewöhntsein an die allgemeinere Geltung des Gesetzesrechtes als innere Gründe dürften zu diesem Widerspruch Anlaß geben. Es ist kein Grund ersichtlich, weshalb man verlangen sollte, das Recht müsse einem Prinzipe entsprechen, welches nicht nur den Parteien, sondern auch anderen gemeinsam ist. Wer sollten diese anderen sein? Die Nachbarn, die Bewohner des gleichen Ortes, die Volksgenossen (bei Streitigkeiten zwischen Angehörigen verschiedener Staaten die beiderseitigen Volksgenossen)? Wo wäre die Grenze zu ziehen? Wenn man Geltung im ganzen Volke verlangt, warum dann nicht bei allen Völkern der Erde? Oder man könnte etwa Geltung unter allen Männern, unter allen Frauen, unter allen erwachsenen Staatsbürgern (Rousseau) verlangen oder unter den Berufsgenossen der beiden Parteien am selben Ort oder im ganzen Land. · Welcher Maßstab der Geltung würde vor den möglichen anderen Maßstäben den Vorzug verdienen, und wie wollte man die Ausschließlichkeit dieses Maßstabes begründen?

Der einzig wirklich feste Maßstab ist die Geltung unter den Parteien, die engste Geltungsgrenze ist zugleich die sicherste. Im Zivilprozeß soll der Richter ja Recht finden zwischen den Parteien, wenn er also nach dem Recht entscheidet, welches unter den Parteien gilt, wem geschieht ein Schade, wer wird durch die Entscheidung dieses privaten Rechtsstreites überhaupt nur berührt als allein die Parteien?

Der Grund, weshalb man unwillkürlich einer Begrenzung des Geltungsbereichs auf die Parteien widerstrebt, mag — abgesehen davon, daß man vom Gesetzesrecht her an einen weiteren Geltungsbereich gewöhnt ist, also von der Macht der Gewohnheit — der Gedanke sein, daß die Parteien dann etwa das zwischen ihnen geltende Recht zum Schaden der Allgemeinheit mißbrauchen könnten. Allein einem Mißbrauch kann in anderer Weise vorgebeugt werden, wie z. B. durch Straf- oder Nichtigkeitsdrohung usw. Solche etwaigen praktischen Unzuträglichkeiten können in anderer Weise beseitigt werden, ohne daß man darum gezwungen wäre, einem rechtlichen Wollen lediglich deshalb die Wirksamkeit zu versagen, den Parteien ihr zwischen ihnen geltendes Recht zu versagen, weil es nur unter den Parteien gilt. Es fehlt, um das noch einmal zu betonen an genügenden Gründen dafür, daß man den Geltungsbereich des außergesetzlichen Rechts über die Parteien erstrecken müsse.

Wir können deshalb daran festhalten, daß es genügt, wenn das außergesetzliche Recht, welches einen nicht im Gesetz geregelten Fall zum Lückenfall macht, unter den Parteien gilt.

Läßt sich ein unter den Parteien geltendes Recht in einem im Gesetz nicht geregelten Falle aufweisen, so ist dieser Fall ein Lückenfall, sofern das Gesetz das nach dem oben Angeführten notwendige Erfordernis erfüllt, daß es außergesetzliches Recht überhaupt neben sich duldet. Nur dann, aber dann auch stets, liegt eine Lücke im Gesetz vor.

Setzen wir auch dieses Merkmal, daß die Geltung zwischen den Parteien genügt, in unsere Definition der Lücke im Gesetz ein, so erhalten wir als endgültige Definition die folgende:

Eine Lücke im Gesetz ist das Fehlen einer Verbindung einer nach außergesetzlichem, zwischen den Parteien geltendem, vom Gesetz geduldetem Rechte rechtserheblichen Tatbestandes mit einer Rechtsfolge innerhalb des Gesetzes.

Statt dessen können wir auch sagen:

Eine Lücke im Gesetz liegt vor, wenn ein Tatbestand, welchem die Verbindung mit einer Rechtsfolge innerhalb des Gesetzes fehlt, nach außergesetzlichem, zwischen den Parteien geltendem und vom Gesetz geduldetem Recht mit einer bestimmten Rechtsfolge verbunden ist.

II. Die Gründe des Vorkommens von Lücken im Gesetz.

Daß jedes Gesetz seiner Natur nach unvollständig ist, ist schon häufig betont worden, aber es lohnt, den Gründen dieser Unvollständigkeit kurz nachzugehen.

Der erste Grund, weshalb Gesetze häufig unvollständig sind, ist der, daß es immer vorkommen kann, daß gewisse, dem Gesetzgeber bekannte Erscheinungen des Verkehrslebens bei der Gesetzesabfassung übersehen werden, oder daß Verkehrserscheinungen dem Gesetzgeber überhaupt unbekannt geblieben sind, die im Gesetz geregelt worden wären, wenn man sie bei der Gesetzesabfassung vor Augen gehabt hätte.

Neben diesem auf der Unvollkommenheit jeden Menschenwerkes beruhenden Grunde gibt es aber noch einen zweiten, der auf dem Wesen der gesetzlichen Regelung selbst beruht.

Jedes Gesetz ist für die Zukunft berechnet und geht bei der Regelung, die es trifft, von der Voraussetzung aus, daß die früher beobachteten Tatbestände auch künftig vorfallen werden. Die Möglichkeit einer gesetzlichen Regelung beruht geradezu darauf, daß im großen und ganzen die Verkehrserscheinungen die gleichen bleiben wie bisher, und nur soweit sie die gleichen bleiben wie die vom Gesetzgeber beobachteten, ist es möglich, in die Zukunft hinein Regeln für sie aufzustellen.

Nun bringt aber der Verkehr immer auch Neuerscheinungen hervor, Tatbestände, wie sie zur Zeit der Gesetzgebung nicht bekannt waren. Ihnen gegenüber muß das Gesetz versagen. Denn auch dem Gesetzgeber enthüllt sich die Zukunft nicht, er kann nicht wissen, was für Neuerscheinungen sie bringen wird, er kann daher in die Gesetzestatbestände nur aufnehmen, was sich bereits ereignet hat. „La loi s'appuie sur le passé" (Consentini, 1913, S. 238).

So folgt die Unvollständigkeit der Gesetze aus der unvermeidlichen Unrichtigkeit der Voraussetzung, von der sie bei ihrer Regelung ausgehen müssen, von der Voraussetzung der Übereinstimmung der Zukunft mit der Vergangenheit[12]).

Gegenüber versehentlich im Gesetz nicht geregelten Fällen und gegenüber den Neuerscheinungen des Verkehrs können nun die Gesetze zweierlei Stellung einnehmen: Die Gesetze können sie ignorieren, indem sie festsetzen, daß Rechtsfolgen nur das Schondagewesene haben soll. So, wenn ein Gesetz alles außergesetzliche Recht ausschließt.

Oder die Gesetze tragen den Versehen und den Neuerscheinungen Rechnung. Dann können sie dies nur in der Weise tun, daß sie die Bestimmung der Rechtsfolgen dieser Fälle dem außergesetzlichen Recht überlassen und die Bestimmung durch das außergesetzliche Recht gutheißen, kurz, daß sie außergesetzliches Recht neben dem Gesetzesrecht dulden.

Ignoriert ein Gesetz seine Versehen und Neuerscheinungen des Verkehrs, so können alle nicht im Gesetz geregelten Fälle keine Rechtsfolgen haben, sie fallen in den rechtsleeren Raum, und das Gesetz ist zwar lückenlos, aber mangelhaft.

Trägt aber das Gesetz seinen Versehen und den Neuerscheinungen des Verkehrs Rechnung, und duldet es dementsprechend außergesetzliches Recht, so erkennt es damit zugleich seine Lückenhaftigkeit selber an. Mit Recht ist hierauf von Bierling (1911, S. 391 Anm. 6 a. a. O.) insbesondere gegenüber dem Art. 1 Abs. 2 Schweiz. ZGB. hingewiesen worden, und ähnlich sagt Consentini (1913) von der gleichen Bestimmung: „La législation en est ainsi venue d'elle-même à reconnaître sa propre imperfection et son état incomplet" (S. 240).

III. Der Begriff der „Lücke im Recht" in der Literatur.

1. Schon in der Einleitung haben wir hervorgehoben, daß die Literatur sich mit einer Bestimmung des Lückenbegriffes nur wenig befaßt hat. In der deutschen Literatur ist es eigentlich nur Zitelmann, der das Problem genauer untersucht hat. In seiner Rede über „Lücken im Recht" (1903) ging er folgendermaßen vor:

Es schied von vornherein aus alle diejenigen „Fälle, wo das Gesetz ganze Bereiche von Lebenstatsachen außerhalb seiner Ordnung beläßt, wo es sich also gar nicht die Aufgabe stellt, ordnend einzugreifen, und „will nur von den Fällen sprechen, wo das Gesetz innerhalb der Aufgaben, die es sich selbst gestellt hat, Lücken läßt, also von Lücken innerhalb des Rechts, nicht von den Grenzen, die sich die Rechtsordnung selbst zieht" (S. 8—9).

Innerhalb dieser Grenzen kommt er dann zu folgendem Ergebnis:

a) „In den Fällen, in denen man gemeinhin von Lücken spricht, handelt es sich in Wahrheit darum, daß für besondere Tatbestände eine besondere, von der allgemeinen Regel abweichende rechtliche Behandlung im Gesetz vermißt wird" (S. 24). Von diesen Lücken im Sinne der damaligen Literatur sagt er weiter: „Die Lücke besteht darin, daß eine Ausnahmebestimmung für Fälle von dieser Eigenart nicht gegeben ist. Aber das ist selbstverständlich nicht eine Lücke in dem Sinne, daß der Fall überhaupt unter keinen Satz des Gesetzes paßte, sondern nur eine Lücke in dem Sinne, daß man die nach

III. Der Begriff der „Lücke im Recht" in der Literatur. 41

dem Gesetz zu treffende Entscheidung sachlich beanstandet" (S. 23/24).

b) „Es gibt aber auch echte Lücken, Lücken wirklich in dem Sinne, daß das Gesetz eine Antwort überhaupt schuldig bleibt, eine Entscheidung gar nicht ermöglicht, während eine Entscheidung doch getroffen werden muß. Der Fall dieser wahren Lücken ist der: Das Gesetz gibt einen positiven Satz, nach dem zu entscheiden ist, läßt aber innerhalb dieses Satzes ein einzelnes Moment unbestimmt. Anders gesprochen: Der Wille des Gesetzes, daß eine Behandlung gewisser Art eintrete, steht fest, aber innerhalb dieses Rahmens sind mehrere Möglichkeiten, und das Gesetz sagt nicht, welche es davon will" (S. 27). An anderer Stelle nennt Zitelmann „als Fälle der Lücke solche, wo dem Richter befohlen ist, über einen bestimmten Punkt zu entscheiden, ohne daß die Rechtsordnung doch eine Wegweisung gäbe, wie er entscheiden soll" (S. 32).

c) Von diesen Fällen der „unechten" (a) und „echten" Lücken (b) scheidet Zitelmann Fälle bewußter und gewollter Unbestimmtheiten innerhalb eines Rechtssatzes, wie z. B. die Strafrahmen des RStGB. darstellen. Diese Fälle werden dahin gekennzeichnet: „Das Gesetz sagt hier alles, was an allgemeinen Sätzen überhaupt zu sagen ist, und läßt eine Unbestimmtheit nur, damit der Richter Spielraum habe, bei seinen Entscheidungen die Eigentümlichkeiten jedes einzelnen Falles . . . . zu berücksichtigen . . . . Bei jenen wirklichen Lücken aber fehlt es, bevor noch die individuellen Umstände gerade dieses einzelnen Falles in Betracht zu ziehen sind, sogar an den näheren abstrakten Regeln für derartige Fälle. Das Gesetz hat diese Regelung nicht aus-

gesprochen......., aber es hätte sie aussprechen sollen"
(S. 30—31).

Schon Somlo (1911, S. 58 ff. a. a. O.) hat hervorgehoben, daß die Zitelmannschen Unterscheidungen keinesfalls klar sind, und behauptet, ohne es näher darzutun, daß beide Lückenarten, „echte" und „unechte", untrennbar zusammenfielen, und Bierling dürfte mit seiner Zersetzung der Zitelmannschen Scheidung von echten und unechten Lücken die Frage nach der Richtigkeit dieser Scheidung abschließend beantwortet haben (vgl. Bierling, 1911, S. 383 ff. a. a. O.). Wir können daher in erster Linie auf Bierling verweisen. Nur einige Bemerkungen seien erlaubt.

Nach Zitelmann soll ein Unterschied zwischen „unechten" und „echten" Lücken darin bestehen, daß bei ersteren im Gegensatz zu letzteren „die nach dem Gesetz zu treffende Entscheidung sachlich beanstandet wird". Danach wären „unechte" Lücken dasjenige, was wir als „Mängel" des Rechtes bezeichnet haben. Aber diese Unterscheidung, die auf der Verschiedenheit der Betrachtungsart beruht, wird von Zitelmann nicht streng durchgeführt.

Einen weiteren Unterschied sieht Zitelmann darin, daß der Fall der „echten" Lücke „überhaupt unter keinen Satz des Gesetzes paßt", während der Fall der „unechten" Lücke immer unter einen Satz des Gesetzes gebracht werden könne.

Nach dem, was wir oben S. 6 ff. über die Frage ausgeführt haben, wann ein Tatbestand im Gesetz geregelt ist, müssen wir auch die Fälle der „unechten" Lücke als nicht geregelt ansehen, so daß dieses Unterscheidungsmerkmal zwischen „unechten" und „echten" Lücken entfällt.

III. Der Begriff der „Lücke im Recht" in der Literatur.

Endlich liegt der Scheidung von „echten" und „unechten" Lücken der Gedanke zugrunde, daß man scheiden könne: Fälle, die den Gesetztatbeständen nicht vollständig einzufügen sind, und Fälle, deren Rechtsfolgen dem Gesetz nicht restlos zu entnehmen sind, also kurz gesagt: Tatbestands- und Rechtsfolgelücken. Dieser Gedanke allein erklärt und ermöglicht eine Scheidung der Fälle, in denen „eine Ausnahmebestimmung für Fälle von dieser Eigenart nicht gegeben ist" (unechte Lücken), von Fällen der echten Lücken, deren Eigenart darin bestehen soll: „Das Gesetz gibt einen positiven Satz, nach dem zu entscheiden ist, läßt aber innerhalb dieses Satzes ein einzelnes Moment unbestimmt." Unter diesem einzelnen unbestimmten Moment kann nur eine Unbestimmtheit der Rechtsfolge verstanden werden, wenn nicht diese Fälle „echter" Lücken mit denen „unechter" zusammenfallen sollen, auch weisen in der Begriffsbestimmung der „unechten" Lücken die Worte „Eigenart dieser Fälle" darauf hin, daß Zitelmann hier in erster Linie an Unvollständigkeiten der Gesetzestatbestände gedacht hat. „Echte" Lücken wären demnach Rechtsfolgelücken, „unechte" Lücken dagegen Tatbestandslücken.

Wir haben schon oben S. 15 f. dargetan, daß eine Scheidung von Tatbestands- und Rechtsfolgelücken undurchführbar ist, daß jede Lücke zugleich Tatbestands- und Rechtsfolgelücke ist. Damit ist auch dieses letzte Unterscheidungsmerkmal der „echten" und „unechten" Lücken hinfällig geworden.

Stellen wir nunmehr fest, welche positiven Merkmale etwa nach Zitelmann die eine oder andere der von ihm unterschiedenen Lückenarten oder beide gemeinsam aufweisen.

Das einzige Merkmal, welches sich bei Zitelmann, wenngleich auch nicht als direkt ausgesprochen, deutlich aufweisen läßt, ist das Fehlen einer bestimmten Regelung innerhalb des Gesetzes. Daneben ist noch ein weiteres Merkmal wenigstens in Ansätzen bei Zitelmann aufzufinden. Zitelmann hat von den Fällen „echter" Lücken die Fälle bewußter und gewollter Unbestimmtheiten geschieden. Zwar charakterisiert er diese Fälle in anderer und unseres Erachtens wenig glücklicher Weise (vgl. S. 30 a. a. O., oben S. 41c), aber die Beispiele, die er S. 30 anführt, zeigen, daß ihm der von uns mit bewußter und gewollter Unbestimmtheit bezeichnete Unterschied vorgeschwebt hat. Demnach würde sich als weiteres Merkmal der „echten" Lücken ergeben, daß das Fehlen der bestimmten gesetzlichen Regelung unbewußt und ungewollt sein müsse. Für diese Ausdeutung der Zitelmannschen Darlegungen spricht, daß er als Merkmal der „echten" Lücke angegeben hat: „Das Gesetz hat diese Regelung nicht ausgesprochen . . . ., aber es hätte sie aussprechen sollen (vgl. oben S. 41c).

Daß Zitelmann sich dieses Merkmals deutlich bewußt gewesen sei, ist nicht anzunehmen, aber daß es ihm wenigstens vorgeschwebt hat, ist seinem Versuche einer näheren Bestimmung des Begriffes der Lücke, als dem ersten Versuch überhaupt, immerhin hoch anzurechnen.

In den beiden angeführten positiven Merkmalen stimmt Zitelmanns Ergebnis mit dem unsrigen dem Sinne nach überein.

Aber auf einen schwerwiegenden Mangel der Zitelmannschen Untersuchung müssen wir noch hinweisen:

III. Der Begriff der „Lücke im Recht" in der Literatur.

Wenn Zitelmann als Merkmal der „echten" Lücke das zuletzt erwähnte hervorhob, daß das Gesetz die fehlende Regelung „hätte aussprechen sollen", dann hätten die Fälle „echter" Lücken von den grundsätzlich ausgeschiedenen Fällen abgegrenzt werden müssen, in denen „das Gesetz ganze Bereiche von Lebenstatsachen außerhalb seiner Ordnung beläßt, wo es sich also gar nicht die Aufgabe stellt, ordnend einzugreifen" (vgl. oben S. 40). Denn woran soll man nach Zitelmann erkennen, ob Fälle, die im Gesetz nicht geregelt sind, hätten geregelt werden sollen, und ob sich nicht das Gesetz vielleicht gar nicht die Aufgabe gestellt hatte, in diesen Fällen ordnend einzugreifen? Das schwierigste und wichtigste Problem war von Zitelmann von vornherein ausgeschaltet worden.

2. Schärfer als die Zitelmannsche Definition ist schon die, welche Heck im Anschluß an Rümelins Untersuchungen über den Lückenbegriff (Rümelin, Bedeutung d. Schweiz. ZGB., 1908, S. 27 ff.) gibt. Heck bezeichnet als Fälle der Lücken „Lebenslagen, die nach den Lebensbedürfnissen und auch nach den allgemeinen Ansichten des Gesetzgebers eine rechtliche Regelung finden sollten, bei denen aber keine Gesetzesvorschrift vorliegt oder keine bestimmte Entscheidung erkennbar ist" (Problem, 1912, S. 10—11).

Hier tritt das Merkmal der Planwidrigkeit des Fehlens einer gesetzlichen Regelung schon deutlicher zutage, aber es fehlt auch hier noch jede genauere Angabe, woran man erkennen solle, ob gewisse Fälle „nach den Lebensbedürfnissen und allgemeinen Absichten des Gesetzgebers eine Regelung finden sollten" oder nicht.

3. Ganz ähnlich der Heckschen Definition ist die

von Bierling gegebene: „Von einer Rechtslücke kann immer nur die Rede sein, wo die bestehenden (gesetzlichen, vertragsmäßigen, gewohnheitsrechtlichen) Normen der allgemeinen, auf Regelung bestimmter Rechtsverhältnisse oder Gruppen von Rechtsverhältnissen gerichteten Intention des Rechts nicht vollständig genügen" (1911, S. 383 a. a. O.).

Auch hier ist nicht angegeben, auf welche „bestimmten Rechtsverhältnisse oder Gruppen von Rechtsverhältnissen" die „Intention des Rechts" gerichtet ist und auf Grund welchen Rechtes denn diese Verhältnisse überhaupt „Rechtsverhältnisse" sind. Zudem verhindert die Gleichstellung von „gesetzlichen, vertragsmäßigen, gewohnheitsrechtlichen Normen" eine genaue Bestimmung des „Rechtes", welches Lücken haben soll; und wie soll man z. B. bei dem Fehlen einer gewohnheitsrechtlichen Norm feststellen, daß das Fehlen der Norm der „Intention" des Gewohnheitsrechts (oder gar des Gewohnheitsrechtserzeugers?) „nicht genügt"?

Immerhin zeigen beide Definitionen eine starke Ähnlichkeit mit der von uns gegebenen; ein konsequentes Ausdenken der von Heck und Bierling angegebenen Merkmale dürfte auf unsere Definition hinführen.

4. Am nächsten steht unserer Definition der Lückenbegriff, der den Ausführungen Biermanns (1911, besonders S. 9 ff.) zugrunde liegt. Biermann hat als, soweit wir sehen, erster und einziger in diesem Zusammenhange die Notwendigkeit deutlich ausgesprochen, die Lückenfälle von den im rechtsleeren Raum liegenden Fällen abzugrenzen. Er führt (S. 10) aus: „Selbstverständlich gibt es zwar unzählige Zustände und Handlungen des Lebens, die rechtliche Folgen nicht nach sich

ziehen. Wo die Grenze zwischen ihnen, die also dem rechtsleeren Raum angehören, und den mit rechtlichen Folgen ausgestatteten Zuständen und Handlungen zu ziehen ist, kann hier nicht auseinandergesetzt werden ... Aber soviel ist sicher, daß es zahllose Tatbestände gibt, die unzweifelhaft dem Rechtsleben angehören, aber unter keine Vorschrift des Gesetzes fallen."

Diese letzteren Fälle sind die Fälle der Lücken im Gesetz in Biermanns und auch in unserem Sinne. Sie gehören, trotzdem eine Gesetzesvorschrift für sie fehlt, dem Rechtsleben, der Rechtsordnung an, und da der Inhalt einer Rechtsordnung, wie wir sahen, nur aus Gesetzesrecht und aus außergesetzlichem Recht bestehen kann, so können sie der Rechtsordnung nur angehören kraft des außergesetzlichen Rechtes; und da weiter die Ausdrücke „dem Rechtsleben", der Rechtsordnung „angehören" nicht anderes besagen können, als daß diese Fälle in der Rechtsordnung mit einer bestimmten Rechtsfolge verbunden sind, so müssen sie also durch außergesetzliches Recht mit einer bestimmten Rechtsfolge verbunden sein. Bestimmt man nun daß außergesetzliche Recht noch näher als das vom Gesetz geduldete, zwischen den Parteien geltende außergesetzliche Recht, so führt eine Ausdeutung der Biermannschen Angabe auf unsere Definition hin: Eine Lücke im Gesetz liegt vor, wenn ein Tatbestand, welchem die Verbindung mit einer Rechtsfolge innerhalb des Gesetzes fehlt, nach außergesetzlichem, zwischen den Parteien geltendem und vom Gesetz geduldetem Recht mit einer bestimmten Rechtsfolge verbunden ist (vgl. oben S. 37).

C. Die Lückenausfüllung.

Die Zahl der Schriften über die Lückenausfüllung wurde schon im Jahre 1908 von Spiegel (S. 3 Anm. 8 a. a. O.) nicht mit Unrecht „beängstigend" genannt, und sie hat sich seither noch ganz erheblich vermehrt.

Aber ihr Gehalt entspricht nicht ihrem Umfange: der Mangel an Klarheit über den Begriff der Lücke im Gesetz hat die Lösung der Lückenausfüllungsfragen ungünstig beeinflußt.

Die Literatur geht fast durchgängig von der Unbezweifelbarkeit der Notwendigkeit einer Lückenausfüllung aus, gibt Vorschläge, wie die Lücken auszufüllen seien — regelmäßig ohne den Nachweis, daß das Vorgeschlagene auch wirklich Recht im Sinne der in Betracht gezogenen Rechtsordnung sei —, und erörtert die Frage, ob der Richter bei der Lückenausfüllung neugeschaffenes Recht oder nur schon bestehendes Recht anwende.

Für uns ergibt sich aus den obigen Erörterungen über den Begriff der Lücke im Gesetz eine ganz andere Problemstellung: für uns sind Lücken im Gesetz immer schon ausgefüllt, und zwar durch außergesetzliches Recht. Damit ist dann zugleich die Frage nach der Tätigkeit des Richters bei der Lückenausfüllung dahin entschieden, daß der Richter lediglich schon bestehendes Recht anzuwenden hat, und es bleibt nur die Frage zu erörtern, wie das lückenausfüllende außergesetzliche Recht zu ermitteln sei.

I. Das Wesen der Lückenausfüllung.

Wir fanden oben, daß das Fehlen einer gesetzlichen Regelung eines Tatbestandes im Gesetz nur dann als planwidrig festgestellt werden, daß also nur dann vom Vorliegen einer Lücke im Gesetz gesprochen werden kann, wenn der Tatbestand nach dem vom Gesetz geduldeten außergesetzlichen Recht rechtserheblich ist. Wir fanden weiter, daß in dem Gedanken der Rechtserheblichkeit eines Tatbestandes der Gedanke inbegriffen ist, daß der Tatbestand zur Zeit seines Eintretens bereits mit einer ganz bestimmten Rechtsfolge verbunden sei. Es kann also gar nicht mehr die Frage sein, womit die Lücken im Gesetz auszufüllen sind. Denn war ein Tatbestand nicht bereits im Augenblicke seines Eintretens mit einer bestimmten Rechtsfolge verbunden, so kann er auch nachträglich nicht durch den Richter mit einer Rechtsfolge verbunden werden, sondern liegt für immer im rechtsleeren Raume. Die Lücken im Gesetz sind also gar nicht erst auszufüllen, sondern immer bereits ausgefüllt. Dies ergibt sich als unvermeidliche Konsequenz aus dem Begriff der Lücke im Gesetz.

Wir fanden oben aber auch weiter schon, daß das außergesetzliche Recht, welches einen im Gesetz nicht geregelten Tatbestand zum rechtserheblichen und also zum Lückenfall macht, das geltende, und zwar das unter den Parteien geltende Recht sein müsse. Liegt eine Lücke im Gesetz vor, so liegt sie vor kraft außergesetzlichen, unter den Parteien geltenden, vom Gesetz geduldeten Rechts. Damit beantwortet sich auch die Frage nach dem Material der Lückenausfüllung: die Lücken im Gesetz sind ausgefüllt durch vom Gesetz geduldetes, außergesetzliches, unter den Parteien geltendes Recht. Jedes andere angebliche Recht würde der bindenden Kraft ermangeln, es würde, da es nicht Gesetz sein kann — denn sonst würde keine Lücke im Gesetz vorliegen —, überhaupt nicht Recht, sondern nur Willkür sein.

II. Die Person des Lückenausfüllers.

Mit dem Vorstehenden ist zugleich auch schon klargestellt, daß der Richter bei der Lückenausfüllung niemals als Schöpfer neuen lückenausfüllenden Rechtes in Frage kommen kann. Die Lücken im Gesetz sind immer schon ausgefüllt, und der Richter hat bei der Entscheidung von Lückenfällen lediglich schon bestehendes, und zwar das zwischen den Parteien geltende außergesetzliche Recht anzuwenden. Würde ein Richter einen Lückenfall nach irgendeinem anderen als dem zwischen den Parteien geltenden Recht entscheiden, so würde, wie wir schon soeben betonten, seine Entscheidung die Parteien nicht binden, für die Parteien nicht Recht sein, denn auf die bindende Kraft des Gesetzes könnte man sich dieser Entscheidung gegenüber nicht berufen, da sie ja die Entscheidung eines Lückenfalles, eines im Gesetz nicht geregelten Falles ist.

Daran würde sich auch nichts ändern, wenn der Richter nach irgendeiner Rechtsordnung, sei es kraft Gesetzes oder kraft außergesetzlichen geltenden Rechtes, Gesetzgebungsmacht hätte, also dem Gesetzgeber gleichstünde.

Der Gesetzgeber kann allerdings das planwidrig unvollständige Gesetz planentsprechend ergänzen und damit

II. Die Person des Lückenausfüllers. 51

die Lücken beseitigen, und er kann dies in zweifacher Weise: für die zukünftigen Fälle oder mit rückwirkender Kraft für die vergangenen Fälle. Ist aber ein Gesetz in einer dieser Weisen oder auf beide Weisen ergänzt worden, so sind die von der Ergänzung betroffenen Fälle keine Lückenfälle mehr, sondern sind gesetzlich geregelt.

Hätte nun ein Richter Gesetzgebungsmacht, so würde er für einen Lückenfall nur entweder ein Gesetz erlassen können: dann wäre der Fall kein Lückenfall mehr; oder er könnte vom Erlaß eines Gesetzes absehen; dann bliebe der Fall zwar ein Lückenfall, aber eine Entscheidung, die der Richter als Richter fällte, würde, da sie nicht auf Gesetzesrecht beruht, nur verbindlich, nur Recht sein, wenn sie nach dem außergesetzlichen, zwischen den Parteien geltenden, bei Eintritt des Falles bereits vorhandenen Recht erfolgte.

Die Tätigkeit des Richters bei der Entscheidung von Lückenfällen ist der Art nach ganz die gleiche wie bei der Entscheidung von gesetzlich geregelten Fällen, er hat lediglich bestehendes Recht anzuwenden, d. h. die objektiv bereits feststehenden Rechtsfolgen des Falles den Parteien zum Bewußtsein zu bringen, die Rechtsfolgen subjektiv bewußt zu machen.

Voraussetzung dafür ist allerdings, daß der Richter auch seinerseits sich der bestimmten Rechtsfolgen subjektiv bewußt werde, und in der größeren Schwierigkeit für den Richter, sich der bestimmten Rechtsfolgen eines im Gesetz nicht geregelten Falles, eines Lückenfalles, subjektiv bewußt zu werden, liegt der einzige — und also rein subjektive — Unterschied zwischen der Entscheidung von Lückenfällen und von im Gesetz geregelten Fällen. Auch die Rechtsfolge eines im Gesetz geregelten

Falles steht zunächst nur objektiv fest, ist zunächst „latent", und muß erst subjektiv bewußt werden.

Der Gedanke, daß die Rechtsfolge eines Lückenfalles schon zur Zeit seines Eintrittes objektiv feststehen müsse, ist keineswegs so neu, wie er es in der von uns gegebenen Fassung scheinen mag. Besonders den Ausführungen Jungs über „Das Problem des natürlichen Rechts" (1912) liegt er allenthalben zugrunde und ist auch gelegentlich ausgesprochen worden, so S. 46, wo es heißt: „Es handelt sich also bei der richterlichen Rechtsschöpfung allemal doch nur um Findung von Recht, von latent, d. h. empfindungsmäßig .... vorhandenem, aber erst an diesem Einzelkonflikte bewußt gewordenem Recht" (vgl. auch S. 44—45). Das, was Jung hier als „empfindungsmäßig vorhanden" in Gegensatz stellt zu „bewußt geworden", ist im Grunde nichts anderes als der von uns angegebene Unterschied von objektiv bereits feststehend und subjektiv bewußt; die Bezeichnung „empfindungsmäßig vorhanden" ist nur ein wenig glücklicher Ausdruck, der in Verkennung des Wesens der gefühlsmäßigen Kenntnis gewählt ist[13]).

Ähnlich wie Jung drückt sich schon Sohm (D. J. Z. 1909, S. 1029) aus: „Das jus quod est" (worunter auch das Lückenrecht zu verstehen ist) „ist das praktisch notwendige Recht, das Recht, welches, wenngleich vielleicht noch nicht erkannt, im Rechtsleben seine Verwirklichung begehrt. Es spricht zu uns aus den Forderungen, welche die Interessenlage des Einzelfalles an die Gerechtigkeit erhebt." Ein Recht, welches etwas „begehrt", welches „zu uns spricht", muß doch bereits vorhanden sein; gemeint ist auch hier von Sohm das objektive Vorhandensein im Gegensatz zum subjektiv

II. Die Person des Lückenausfüllers.

bewußt sein; mit dem „vielleicht noch nicht erkannt" ist dasselbe gemeint, was wir als noch nicht subjektiv bewußt bezeichnen.

Überhaupt liegt der Gedanke, daß das Lückenrecht immer schon vorhanden sei, all den zahlreichen Darlegungen zugrunde, daß der Richter bei der Entscheidung von Lückenfällen immer schon bestehendes Recht anwende und nicht neues Recht schaffe, und er bildet — wenngleich vielfach unbewußt — den Ausgangspunkt derjenigen, welche der unten zu erörternden Ansicht huldigen, daß das Lückenrecht in Anlehnung an das Gesetz zu ermitteln sei.

Beide, das Gesetzesrecht wie das Lückenrecht, stehen zunächst nur objektiv fest und werden erst bei der Entscheidung des Einzelfalles auch subjektiv bewußt. Der Grund, weshalb man überhaupt Gesetze erläßt, ist — abgesehen von dem etwaigen Zweck einer Beeinflussung der Richtungen des Rechtslebens — der, daß die gesetzliche Fassung des Rechtes die Findung, das Subjektivbewußtwerden des Rechtes wesentlich erleichtert.

Die Gesetzesrechtssätze sind gewissermaßen auch nur amtliche Formulare, in die der Richter lediglich noch die Daten des Einzelfalles einzutragen hat, während er in Lückenfällen den ganzen Text selbst aufstellen muß. Die gesetzliche Regelung bedeutet nur eine Arbeitserleichterung für den Richter.

Dieses Verhältnis des Richters zum Gesetz ändert sich allerdings dann, wenn das Gesetz nicht im Einklang mit dem zwischen den Parteien geltenden Rechte steht, wenn seine bindende Kraft also lediglich auf äußerem Zwang, nicht auf der Möglichkeit innerer Anerkennung durch die Parteien beruht: dann, aber auch nur dann ist das Gesetz für den Richter nicht allein Hilfsmittel, sondern zugleich auch Schranke.

Ob der Richter in solchem Falle befugt ist, das Gesetz außer Anwendung zu lassen, ist eine Frage, die nicht unmittelbar zu unserem, nur die im Gesetz nicht geregelten Fälle in Betracht ziehenden Thema gehört. Wir bemerken hier nur, daß uns auch die jüngsten Ausführungen über sie (Wüstendörfer, 1913, S. 333 ff. a. a. O.) nicht davon überzeugt haben, daß die Frage zu bejahen ist. Denn Gesetze wollen und sollen angewendet werden, eine Befugnis des Richters zur Nichtanwendung des Gesetzes würde dem Wesen der gesetzlichen Regelung widerstreiten; sie ist unseres Erachtens nur als Befugnis zur Nichtanwendung einzelner bestimmter Vorschriften überhaupt denkbar und auch dann nur zulässig, wenn das Gesetz diese Befugnis selbst ausgesprochen hat, wie beispielsweise in den Bestimmungen über Notwehr, Strafausschließungsgründe usw.

Anderseits ist aber in § 1 GVG., den man mit Recht gegen das Judizieren contra legem anführt, nicht bestimmt, daß ein deutscher Richter nur das Gesetz und nicht auch — in Lückenfällen — außergesetzliches Recht anwenden dürfe. Der § 1 GVG. bestimmt nur dies eine: an das Gesetz ist der Richter gebunden; wo das Gesetz die Rechtsfolgen bestimmt, darf der Richter keine anderen Rechtsfolgen festsetzen. Da aber, wie wir schon oben (S. 11) feststellten, das BGB. — und wie wir hinzufügen können, fast alle deutschen Gesetze mit Ausnahme des RStGB. (§ 2) — die Anwendung außergesetzlichen Rechtes nicht verbieten, so ist die Anwendung außergesetzlichen Rechtes auch dem deutschen Richter nicht verboten, und daraus, daß er allgemein zur Rechtsprechung berufen ist, sowie noch aus den besonderen Bestimmungen des Art. 3 RVerf. und § 16 GVG. (vgl. auch Art. 7 Preuß. Verf. und § 4 Code civil) ergibt sich, daß er außergesetzliches Recht nicht nur anwenden darf, sondern auch anwenden muß.

Aber zwischen dem außergesetzlichen Recht und dem Gesetzesrecht besteht für den Richter insofern ein wesentlicher Unterschied, als ihm zwar beim Gesetzesrecht, aber nicht auch beim außergesetzlichen Rechte die Prüfung erspart ist, ob das Recht, welches er spricht, auch verbindlich, d. h. hier, ob es kraft der Möglichkeit innerer Anerkennung durch die Parteien unter den Parteien geltendes Recht sei. Deshalb muß er die Merkmale dieses außergesetzlichen Rechtes, des Lückenrechtes, genau kennen und auch Klarheit über die letzte nunmehr zu erörternde Frage haben: Wie ist das außergesetzliche, unter den Parteien geltende Recht zu ermitteln?

III. Die Auffindung des lückenausfüllenden Rechts.

Die Frage, wie das Recht zu ermitteln sei, kann auch bei dem Gesetzesrecht auftauchen, nämlich dann, wenn das Gesetz einen Fall zwar geregelt, aber unklar geregelt hat. In solchem Falle liegt jedoch eine Lücke des Gesetzes nicht vor, wir haben uns daher mit ihm nicht zu befassen. Wir haben vielmehr lediglich die obige Frage zu erörtern, wie das außergesetzliche, unter den Parteien geltende Recht zu ermitteln sei.

Die Ansichten der Literatur über die Frage der Ermittelung des Lückenrechtes lassen sich in zwei Hauptgruppen teilen: die erste Gruppe sucht eine Antwort in Anlehnung an das Gesetz; die andere Gruppe sucht eine Antwort ohne Rücksicht auf das Gesetz, unabhängig vom Gesetz.

a) Die Auffindung in Anlehnung an das Gesetz.

Für die Ansicht, daß das Lückenrecht in Anlehnung an das Gesetz zu ermitteln sei, läßt sich, um dies gleich vorweg zu nehmen, der § 1 GVG. nicht verwerten, wie dies neuerdings insbesondere von Neukamp (1912) a. a. O. wieder versucht worden ist.

In § 1 GVG. ist die Frage, nach welchem Recht der Richter in Lückenfällen zu entscheiden habe, weder unmittelbar noch mittelbar geregelt.

Eine Pflicht des Richters, nach den in Anlehnung an das Gesetz gefundenen Grundsätzen zu entscheiden, ließe sich daher aus § 1 GVG. nur herleiten, wenn man ihn mit Hilfe einer bestimmten Interpretationsmethode auslegte, deren Richtigkeit eben wieder nur dem § 1 GVG. zu entnehmen wäre. Man wird Schmitt zustimmen müssen, wenn er (1912, S. 11 a. a. O.) sagt: „Für die Auslegungsmethoden läßt sich ohne augenscheinliche petitio principii nichts aus ihm (§ 1 GVG.) ableiten."

Diejenigen, welche das Lückenrecht in Anlehnung an das Gesetz zu ermitteln suchen, können sich also für die Richtigkeit ihrer Ergebnisse nicht auf § 1 GVG. berufen, sondern müssen stets noch den Beweis erbringen, daß die in Anlehnung an das Gesetz gefundenen Entscheidungen von Lückenfällen die richtigen sind, d. h. also hier, daß die Entscheidungen — da die Lückenfälle im Gesetz selbst ihrem Begriffe nach nicht geregelt sein könnten, das Gesetzesrecht als Maßstab der Richtigkeit also ausscheidet[14]) — dem zwischen den Parteien geltenden außergesetzlichen Recht entsprechen.

Den Autoren, welche die Entscheidung, d. h. die Rechtsfolgen von im Gesetz nicht geregelten Fällen, von Lückenfällen, in Anlehnung an das Gesetz suchen, ist gemeinsam, daß sie sich zu diesem Zweck des Analogieschlusses bedienen[15]).

Man verfährt bei der Analogieanwendung in der Weise, daß man an die nicht im Gesetz mit einer Rechtsfolge verbundenen Tatbestände diejenigen Rechtsfolgen anknüpft, die durch einen Gesetzesrechtssatz an einen ähnlichen Tatbestand geknüpft sind, wobei als ähnlich diejenigen Tatbestände angesehen werden, die einander teilweise gleich sind (vgl. hierzu und zu dem folgenden S t a m m l e r, Theorie, S. 633 ff.).

Bei Feststellung dieser Ähnlichkeit, dieser teilweisen Gleichheit, ist man in zweifacher Weise vorgegangen: Man hat die Ähnlichkeit einmal in den äußeren Umständen der Fälle gesucht, in ihren rechtlich erheblichen Tatbestandsmerkmalen, und zum anderen hat man die Ähnlichkeit gesucht in den Interessenkonflikten, die in dem Gesetzesrechtssatz und in dem Lückenfall zutage treten.

Ob eine solche Scheidung streng durchzuführen ist, mag hier dahingestellt bleiben, sie ist jedenfalls versucht worden und wird heute stark betont.

Den beiden verschiedenen Merkmalen, auf deren Ähnlichkeit man den Analogieschluß gründet, entsprechend sind in der Literatur zwei Hauptarten der Analogieanwendung aufgetreten: die erste sei kurz als Tatbestandsanalogie, die zweite kurz als Interessenanalogie bezeichnet.

1. Die erstere Art, die Tatbestandsanalogie, war nach der vielleicht richtigen Behauptung der Verteidiger der zweiten Analogieart bis zum Beginn dieses Jahrhunderts in der deutschen Rechtsprechung vorherrschend. Sie wurde insbesondere von den Anhängern der sogenannten „Begriffsjurisprudenz" angewendet, deren schon anderwärts vielfach gekennzeichnetes Verfahren [16]) darin bestand, daß man aus den Gesetzestatbeständen Rechtsbegriffe abstrahierte und an einen Fall, welcher die Merkmale dieses durch Abstraktion gewonnenen Rechtsbegriffes aufwies, diejenigen Rechtsfolgen — sämtlich oder nur einzelne von ihnen — anknüpfte, welche durch Gesetz mit denjenigen Tatbeständen verbunden waren, aus denen man durch Abstraktion die Rechtsbegriffe gewonnen hatte. Eine feste Methode, nach der man die Auswahl der Rechtsfolgen traf, bestand nicht.

So kompliziert dieses Verfahren ist, daß es letzten Endes ein Analogieanwenden ist, kann keinem Zweifel unterliegen. Das Wesen der Analogie besteht darin, daß man auf die Gleichartigkeit das Hauptgewicht legt und die Ungleichheiten außer Betracht läßt, und nur in Anwendung dieses Prinzipes war die Bildung von Rechtsbegriffen und die Einordnung des Einzelfalles unter die Rechtsbegriffe überhaupt möglich.

2. Die zweite Art der Analogie wird von den Anhängern der sogenannten „Interessenjurisprudenz" geübt [17]). Sie erforschen, welche Interessen in dem Lückenfalle einander gegenüberstehen, und knüpfen an den Lückenfall diejenige Rechtsfolge an, welche vom Gesetz an einen Fall geknüpft ist, in welchem ähnliche Interessen einander gegenüberstehen. Zwar pflegen sie ihr Verfahren meist etwas zu verbrämen und beispielsweise zu

sagen, der Richter solle bei der Wertung der Interessen gebunden sein „an die Absichten des Gesetzgebers, an diejenige Wertung der Lebensideale und Lebensinteressen, die den gesetzlichen Geboten zugrunde liegt" (Heck, Problem, 1912, S. 11), aber die „Wertung" des Gesetzgebers besteht in nichts anderem als in Anknüpfung von Rechtsfolgen an gewisse Tatbestände oder in Versagung von Rechtsfolgen; an die Wertung des Gesetzgebers gebunden sein heißt also nichts anderes, als daß der Richter an die Lückenfälle die gleichen Rechtsfolgen knüpfen solle, die das Gesetz an Tatbestände knüpft, denen ähnliche Interessenkonflikte zugrunde liegen.

Da nun das Ansehen der Interessenanalogie gegenüber dem Ansehen der Tatbestandsanalogie immer mehr im Wachsen ist, so sei hier, ehe wir die Gründe erörtern, weshalb wir beide Analogiearten als zur Auffindung des Lückenrechts ungeeignet ablehnen, auf einen besonderen Mangel der Interessenjurisprudenz hingewiesen: es fehlt ihr an einem festen Maßstabe, an dem sie die Ähnlichkeit, die teilweise Gleichheit der Interessenkonflikte, messen könnte.

Für die Tatbestandsanalogie hat Stammler den Maßstab der Ähnlichkeit dahin festgestellt: „Die Voraussetzungen" (= Tatbestände) „zweier Rechtssätze sind einander ähnlich, wenn in ihnen die gleichen rechtlichen Grundbegriffe in einer übereinstimmenden Art des Eingreifens zum Teil zu beobachten sind" (Theorie, S. 637).

Aber wann sind zwei Interessenkonflikte einander ähnlich? Zwar glauben wir, daß auch hier die übereinstimmende Art des Eingreifens der gleichen rechtlichen Grundbegriffe maßgebend ist, aber daß dies auch der

Maßstab der Vertreter der Interessenjurisprudenz sei, wagen wir nicht zu behaupten.

Gegen die Analogie als Mittel zur Auffindung des Lückenrechts sprechen nun folgende Gründe, und zwar sowohl gegen die Tatbestandsanalogie als gegen die Interessenanalogie [18]).

aa) Die Analogie setzt voraus, daß im Gesetz ähnliche Fälle bereits geregelt sind. Daß solche ähnlichen Fälle im Gesetz geregelt sind, ist rein zufällig, eine Notwendigkeit liegt hierzu nicht vor. Es kann daher vorkommen, daß für einen Lückenfall ein Analogon im Gesetz nicht vorhanden ist, und es würde dann ein anderes Hilfsmittel zur Auffindung der Rechtsfolgen des Lückenfalles aufgewiesen werden müssen.

bb) Soweit ein Analogon im Gesetz vorhanden ist, ist ein Analogieschluß zwar immer möglich, aber, auch wenn er möglich und logisch richtig ist, so ist er doch darum nicht auch schon sachlich gerechtfertigt.

„L'analogie", sagt Consentini (1913, S. 237 a. a. O.) richtig, „tient compte des ressemblences et non des différences, ou il peut très bien arriver que les différences soient de telle nature qu'elles détruisent tout rapport de ressemblences et qu'elles exigent un traitement différent", oder, wie W. Jellinek (1913, S. 48 a. a. O.) es ausdrückt: „Rein logisch ist Ähnlichkeit eine teilweise Gleichheit; mit dieser Erkenntnis erreicht man aber nicht viel, denn es fehlt noch die Bestimmung des Maßstabes der zulässigen Abweichung." Damit ist der Kern der Sache getroffen: Ehe man einen Analogieschluß für sachlich gerechtfertigt erklären kann, muß man den Nachweis erbracht haben, daß die Ungleichheiten, die Verschiedenheiten des Lückenfalles und des gesetzlich

III. Die Auffindung des lückenausfüllenden Rechts.

geregelten Falles unerheblich sind, so daß sie für die Bemessung der Rechtsfolge ausscheiden können. Denn sind sie erheblich, dann tritt der Analogie das argumentum e contrario entgegen mit dem Gebot: Die beiden Fälle sind in erheblichen Punkten verschieden, also müssen sie auch verschiedene Rechtsfolgen haben.

Die Rechtsähnlichkeit allein genügt nicht, der logische Schluß allein zwingt nicht, es muß ein Werturteil hinzukommen[19]), welches die Abweichungen der ähnlichen, der nur teilweise gleichen Fälle für unerheblich erklärt. Und dieses Werturteil setzt einen Wertmaßstab voraus.

Diesen Wertmaßstab aus dem Gesetz entnehmen zu wollen, hieße sich eine petitio principii zuschulden kommen lassen, denn daß die Wertungen des Gesetzes auch in Lückenfällen maßgeblich sind, soll ja durch den Analogieschluß erst bewiesen werden.

Es muß also ein anderer Wertmaßstab gefunden werden, und dieser kann — da das Gesetzesrecht und das außergesetzliche Recht den alleinigen Inhalt einer Rechtsordnung ausmachen — nur dem außergesetzlichen Recht entnommen werden.

Unerheblich und daher dem Analogieschluß nicht entgegenstehend sind diejenigen Verschiedenheiten der beiden ähnlichen Fälle, welche nach dem außergesetzlichen Recht unerheblich sind; erheblich sind diejenigen Verschiedenheiten, die nach außergesetzlichem Recht erheblich sind. Und bei Erheblichkeit der Verschiedenheiten hat statt des Analogieschlusses das argumentum e contrario einzusetzen.

cc) Wenn ein Analogieschluß zulässig ist, weil die Verschiedenheiten der ähnlichen Fälle unerheblich nach außergesetzlichem Recht sind, so ist für einen besonderen

Analogieschluß kein Raum. Denn dann ist der Lückenfall rechtlich der gleiche wie der gesetzlich geregelte, er ist überhaupt kein Lückenfall, sondern ist gesetzlich geregelt.

Wir fanden schon oben S. 19 ff., daß ein konkreter Fall mit all seinen Einzelheiten im Gesetz niemals geregelt sein kann, eine Regelung ist nur möglich unter Außerachtlassung von unerheblichen Einzelheiten der Einzelfälle; und ein Fall ist nur dann im Gesetz geregelt, wenn er außer den im Gesetzestatbestand enthaltenen keine sonstigen rechtserheblichen Bestandteile hat.

Das Urteil: Dieser Fall ist gesetzlich geregelt, setzt also gleichfalls ein Werturteil voraus, des Inhalts: der Fall hat keine sonstigen rechtserheblichen Bestandteile als die im Gesetzestatbestand enthaltenen, und schon bei diesem Werturteil dient als Maßstab das außergesetzliche Recht.

Wenn in einem Lückenfall ein Analogieschluß zulässig sein soll, so müssen nach dem vorstehend unter bb) Festgestellten die Verschiedenheiten der beiden ähnlichen Fälle nach außergesetzlichem Recht unerhebliche sein. Die Lage ist also hier ganz die gleiche wie im gesetzlich geregelten Falle: Der scheinbare Lückenfall ist gesetzlich geregelt, und ein besonderer Analogieschluß ist überflüssig. Aber freilich, ein Analogieschluß wird gemacht. Jedes Subsumieren unter eine gesetzliche Regel — wie überhaupt unter jede generelle Norm — beruht auf einem Analogieschluß. Alle konkreten Fälle, auf die man eine gesetzliche Regel anwendet, sind nur teilweise gleich, und trotz der nur teilweisen Gleichheit werden die gleichen Rechtsfolgen an sie geknüpft. Die Subsumtion des gesetzlich geregelten Falles unter das

Gesetz ist die eigentliche und zugleich die einzig mögliche juristische Analogie. Ist ein Fall im Gesetz geregelt, dann kann seine Rechtsfolge mit Hilfe der Analogie, durch Subsumtion, dem Gesetz entnommen werden; ist er nicht im Gesetz geregelt — wie jeder Lückenfall —, dann versagt die Analogie als Hilfsmittel zur Feststellung der Rechtsfolge. Es kann dann, da es innerhalb der Rechtsordnung nur entweder gesetzliche oder außergesetzliche Rechtsfolgen geben kann, die Rechtsfolge des Lückenfalles nur nach außergesetzlichem Recht bestimmt werden.

b) Die Auffindung des Lückenrechts unabhängig vom Gesetz.

Nachdem wir im vorstehenden die Untauglichkeit derjenigen Methoden dargelegt haben, welche das Lückenrecht in Anlehnung an das Gesetz zu ermitteln suchen, haben wir uns nunmehr der Gruppe von Ansichten zuzuwenden, welche das Lückenrecht unabhängig vom Gesetz, ohne Rücksicht auf das Gesetz ermitteln wollen.

Innerhalb dieser zweiten Hauptgruppe lassen sich gleichfalls mehrere Untergruppen voneinander abgrenzen, von denen wir die folgenden hervorheben.

1. Die eine Untergruppe wird gebildet von den Vertretern der sogenannten „soziologischen" Jurisprudenz.

Grundgedanke dieser Richtung ist, daß man die Lückenfälle nach den „herrschenden Anschauungen", nach der „Verkehrsauffassung" zu entscheiden habe[20][21].

Gegenüber dieser Ansicht ist zu bemerken:

aa) Herrschende Anschauungen über einen Rechtssatz lassen sich häufig, und bei Neuerscheinungen des

Verkehrs regelmäßig nicht aufweisen. Es müßte also in solchem Falle ebenso, wie wenn der Analogieanwendung das Fehlen eines Analogons entgegensteht, eine andere Methode der Ermittelung des Lückenrechts angegeben werden [22]).

bb) Wenn man die herrschenden Anschauungen zum Maßstabe wählt, so erhebt man die Stimme der Masse, die Klassenjustiz, und damit die Macht zum Recht. Der soziologischen Jurisprudenz liegt der gleiche irrige Gedanke zugrunde, der zu der Verwechselung der Rousseauschen volonté générale mit der volonté de tous geführt hat, daß der Wille der Mehrzahl auch derjenige sei, welcher Geltung beanspruchen könne. Geltung, die Möglichkeit innerer Anerkennung, hat eine mit Hilfe der herrschenden Anschauungen gefundene Entscheidung eines Lückenfalles nur bei denjenigen, welche die herrschenden Anschauungen teilen.

Teilt nur eine der Parteien die herrschenden Anschauungen nicht, so fehlt der Entscheidung die Möglichkeit innerer Anerkennung durch diese Partei, und sie ist für diese nicht Recht, nicht bindend.

Eine innere Notwendigkeit, daß beide Parteien die herrschenden Anschauungen teilen, liegt aber selbstverständlich nicht vor, und auf das Gesetz kann man sich — und das wollen die Vertreter der soziologischen Jurisprudenz auch gar nicht — nicht berufen, da es sich ja um die Rechtsfolge eines Lückenfalles, eines nicht durch Gesetz mit einer Rechtsfolge verbundenen Falles handelt.

Die Tatsache, daß eine Entscheidung den herrschenden Anschauungen entspricht, bietet also keine Gewähr, daß die Entscheidung auch demjenigen Rechte entspricht,

III. Die Auffindung des lückenausfüllenden Rechts.

kraft dessen der im Gesetz nicht geregelte Fall überhaupt nur rechtserheblich, ein Lückenfall ist: dem zwischen den Parteien geltenden außergesetzlichen Rechte. Sie kann zwar diesem Rechte entsprechen, aber das ist nicht notwendig und zudem gleichgültig, es genügt, daß die Entscheidung dem zwischen den Parteien geltenden Rechte entspricht; daß sie auch den herrschenden Anschauungen entspreche, ist nicht erforderlich.

Ein taugliches Mittel zur Findung des Lückenrechtes sind also „Verkehrsanschauungen", „herrschende Anschauungen" nicht.

Das gleiche gilt auch von den „Werturteilen der führenden Kulturschicht" und ähnlichem (vgl. Wüstendörfer, 1913, S. 323; auch Brütt, 1907, besonders S. 129, Gmelin, 1910, S. 60 ff.). Der Ausdruck ist gleichgültig. Wird zum Maßstab das gemacht, was eine Mehrheit anerkennt, der nicht beide Parteien zugleich angehören, so ist der Maßstab falsch. Nicht darauf kommt es an, daß die Entscheidung der gemeinsamen Anschauung Dritter entspricht, sondern daß sie der Ausfluß einer Norm ist, die den Parteien gemeinsam ist, die von den Parteien innerlich anerkannt wird. Denn das ist, wie wir oben fanden, die notwendige Voraussetzung dafür, daß die Entscheidung die Möglichkeit innerer Anerkennung durch die Parteien hat, daß sie für die Parteien gilt.

2. Die zweite Untergruppe wird gebildet von den Vertretern der Freirechtsbewegung. Aber sie lehnen es ab, die Entscheidung von Lückenfällen aus dem Gesetz zu entnehmen. Sie lehren, daß das Lückenrecht „frei" zu finden sei.

Soweit sie dabei von dem Gedanken ausgehen, daß

der Richter das Lückenrecht für den einzelnen Lückenfall erst schaffe, verkennen sie, daß die bestimmte Rechtsfolge des Lückenfalles im Augenblick seines Eintretens schon objektiv feststehen muß, damit der Fall überhaupt ein Lückenfall ist und nicht in den rechtsleeren Raum fällt.

Soweit die Freirechtler aber etwa das freie Ermessen des Richters als Maßstab für die Entscheidung von Lückenfällen aufstellen, so ist damit einmal überhaupt keine Methode der Findung des Lückenrechtes angegeben. Denn es ist nicht angegeben, wie denn der Richter sein Ermessen bilden solle, wonach er sich in seinem Ermessen richten solle. Anderseits aber bietet das freie Ermessen des Richters keinerlei Gewähr, daß er eine Entscheidung treffe, die dem zwischen den Parteien geltenden außergesetzlichen Recht entspricht und deshalb bindende Kraft hat (vgl. hierzu insbesondere Stammler, Theorie, VIII 15, 16).

3. Der alleinige Maßstab der Richtigkeit der Entscheidung eines Lückenfalles ist, wie wir nun schon mehrfach betonten, daß die Entscheidung einer über den Parteien stehenden, einer von den Parteien anerkannten Norm entspricht. Nur wenn sie dies tut, ist die Entscheidung eine Entscheidung nach geltendem Recht.

Eine allgemeine Anleitung, wie diese den Parteien gemeinsame Norm zu ermitteln sei, läßt sich unseres Erachtens überhaupt nicht geben.

Es kann nur der Maßstab der Richtigkeit einer Lückenfallentscheidung angegeben werden; auf welchem Wege aber der Richter im Einzelfall die richtige Entscheidung finden will, muß ihm selbst überlassen bleiben, die Art und Weise, wie er sich die objektiv bereits feststehende

III. Die Auffindung des lückenausfüllenden Rechts.

Entscheidung subjektiv zum Bewußtsein bringen will, ist lediglich subjektiv.

Wir können nur den von uns aufgestellten Maßstab der Richtigkeit noch durch einige Hinweise verdeutlichen. Wenn in Artikel 1 Abs. 2 Schweiz. ZGB. bestimmt worden ist, daß der Richter in Lückenfällen entscheiden solle „nach der Regel, die er selbst als Gesetzgeber aufstellen würde", so ist das, theoretisch betrachtet, nicht unbedenklich. Denn es ist stillschweigend dabei vorausgesetzt, daß ein Gesetzgeber immer die richtige Regel aufstellen würde, diejenige, welche die Möglichkeit innerer Anerkennung, Geltung im engeren Sinne hat. Dies trifft aber durchaus nicht immer zu. Der Gesetzgeber kann auch Regeln aufstellen, die unrichtig sind, die nicht die Möglichkeit innerer Anerkennung durch die Gesetzesuntertanen haben; man denke an die Gesetzgebung absolutistischer Staaten oder, um ein ganz konkretes Beispiel zu wählen, an die Anordnung des bethlehemitischen Kindermords durch Herodes. Solche Gesetze gelten zwar auch, aber die Geltung beruht nicht auf der Möglichkeit innerer Anerkennung, sondern auf dem besonderen Geltungsgrund der Gesetze, dem äußeren Geltungsgrunde, auf der Möglichkeit, sich äußere Anerkennung zu verschaffen durch staatlichen Zwang. Daß Gesetze auch die Möglichkeit innerer Anerkennung haben, ist theoretisch zufällig, sie haben es in den heutigen konstitutionellen Staaten häufig, vielleicht sogar regelmäßig, aber notwendig ist dies nicht. Deshalb wird die Entscheidung, welche nach dem Art. 1 Abs. 2 Schweiz. ZGB. getroffen ist, vielleicht regelmäßig, aber nicht notwendig die richtige sein, und die richtige Entscheidung kann mit Sicherheit nur getroffen werden, wenn der nach

Art. 1 Abs. 2 Schweiz. ZGB. entscheidende Richter den Maßstab dafür hat, ob die Regel, die er als Gesetzgeber aufstellen würde, die richtige ist, ob sie Geltung im engeren Sinne haben kann. Gerade dieser Maßstab ist aber in der genannten Bestimmung nicht angegeben.

Besser schon würde dem Richter gedient sein mit dem Rate, sich der Formel des Kantischen kategorischen Imperativs zu bedienen, auf dessen innerliche Verwandtschaft mit dem Art. 1 Abs. 2 Schweiz. ZGB. Weber und Netter (1913, a. a. O.) hingewiesen haben. Entscheidet der Richter „nach der Maxime, deren Allgemeinheit als Gesetz Du zugleich wollen kannst", so würde er die richtige Entscheidung gefunden haben, sofern er nur als das in diesem Satze angeredete „Du" nicht, wie es von Kant, welcher bei diesem Satze die allgemeine Ethik im Auge hatte, gemeint war, die Gesamtheit aller vernünftigen Wesen, sondern lediglich die Parteien ansieht. Entspricht die Entscheidung einer Maxime, von der beide Parteien „zugleich wollen können", daß sie „allgemeines Gesetz" für sie beide sei, daß sie für sie in jeder Lage verbindlich sei, dann hat die Entscheidung die Möglichkeit innerer Anerkennung durch die Parteien, dann ist sie zwischen den Parteien geltendes Recht.

Sachlich mit Kants Imperativ übereinstimmend war der Satz, den Schopenhauer als Grundsatz der Gerechtigkeit aufstellte: neminem laede[28]). Aber er ist konkreter und deshalb für die Rechtspraxis handlicher. Neminem laede ist die allgemeinste Maxime, deren Allgemeinheit als Gesetz beide Parteien zugleich wollen können; keine der beiden Parteien kann wollen, daß die andere Partei sie verletze (noch deutlicher macht

III. Die Auffindung des lückenausfüllenden Rechts.

dies die passive Sprachform: keine der beiden Parteien kann wollen, daß sie von der anderen verletzt werde).

Dieser gegenseitige Wille, nicht verletzt zu werden, ist mit Recht von Jung im ausdrücklichen Anschluß an Schopenhauer als Maßstab des „natürlichen", des lückenausfüllenden Rechtes zugrunde gelegt worden. Auch dieser Maßstab ist jedoch noch zu allgemein, denn es bleibt festzustellen, was im Einzelfall als Verletzung anzusehen ist.

Jung wählt zum Maßstabe der Verletzung, des Unrechts, dasjenige, „was in einer bestimmten historischen Gemeinschaft als ein derartiger Mangel an Rücksichtnahme auf den anderen empfunden wird, daß dieser andere regelmäßig sich ihn nicht gefallen läßt und mit Gewalt abwehrt, also die Gemeinschaft mit jenem Angreifer lieber opfert . . . . . Entscheidend ist nur, was diese historische Gemeinschaft regelmäßig von ihren Gliedern wirklich fordert, was diese als eine Verletzung solcher Art allgemein empfindet" (Nat. R., 1912, S. 67, vgl. auch S. 180, 260, 273, 320; auch schon Positives R., 1907, S. 488 ff.).

Hier zeigt sich bei Jung eine interessante Verquickung zweier Maßstäbe: einmal soll maßgeblich sein, was die Gemeinschaft für maßgeblich hält. Das ist ein Anklang an die oben als unrichtig abgelehnte Ansicht, daß die herrschenden Anschauungen Maßstab sein könnten. Anderseits aber faßte Jung das zwischen den beiden Parteien Geltende ins Auge, das was „der Andere" sich regelmäßig „nicht gefallen läßt" und also „die Gemeinschaft mit jenem Angreifer lieber opfert". Hier spielt der richtige Gedanke mit unter, daß es lediglich darauf ankommt, was die beiden Parteien „sich gefallen lassen", auf die „Gemeinschaft" zwischen den Parteien, daß Maßstab diejenige Norm ist, die den Parteien gemeinsam ist, die beide „zugleich wollen können", innerlich anerkennen können.

Wenn von Stammler als Maßstab der Richtigkeit eines Rechtes überhaupt, und damit auch der Entscheidung von Lückenfällen, die Grundsätze des Achtens und Teilnehmens mit ihren Unterabteilungen (vgl. Theorie S. 680) aufgestellt worden sind, so ist damit einmal gleichfalls das Kantische Sittenprinzip konkretisiert und anderseits der Fehler Jungs, die Anlehnung „an die herrschenden Anschauungen", vermieden. Aber auch dieser Stammlersche Maßstab ist für die Einzelanwendung noch nicht konkret genug, es muß immer erst im einzelnen festgestellt werden, was im Einzelfall den Grundsätzen des Achtens und Teilnehmens entspricht. Diesen Maßstab für den Einzelfall bietet diejenige Norm, welche die Möglichkeit hat, im Einzelfall von den Parteien innerlich als über ihrem Einzelwollen stehende Norm anerkannt zu werden. Diese Norm ist in jedem Einzelfall besonders zu ermitteln, und die Entscheidung, die dieser den Parteien gemeinsamen Norm entspricht, ist dann die richtige, sie hat die Möglichkeit innerer Anerkennung durch beide Parteien, sie entspricht dem im Einzelfall zwischen den Parteien geltenden außergesetzlichen Rechte.

Besser freilich als mit all den abstrakten Formulierungen dürfte dem Richter mit dem alten Sprichworte geholfen sein: „Was du nicht willst, das man dir tu, das füg auch keinem anderen zu." Besonders wenn der Richter sich selbst in Gedanken in die Rolle der einen wie der anderen Partei versetzt, wird er dasjenige Parteibegehren, welches lediglich individuell, lediglich subjektiv

III. Die Auffindung des lückenausfüllenden Rechts.

bedingt ist, nicht Ausdruck eines beiden Parteien gemeinsamen, über dem individuellen Einzelbegehren stehenden Grundsatzes ist, von demjenigen Parteibegehren, welches einem solchen Grundsatze entspricht und daher die Möglichkeit innerer Anerkennung durch beide Parteien hat, also geltendes Recht zwischen den Parteien ist, mit verhältnismäßiger Sicherheit unterscheiden.

Eine absolute Sicherheit gibt dieses Verfahren allerdings auch nicht, aber das wird kein Verfahren je erreichen können. Denn ist es schon schwierig, auch nur das Wollen eines anderen klar zu erkennen, so ist es doppelt schwierig, die Grundlage dieses Wollens zu erkennen und diejenige Grundlage zu finden, welche den beiden Parteien des Rechtsstreites gemeinsam ist.

Daß aber ein gemeinsamer Grundsatz sich immer finden lassen muß, ergibt sich aus der Natur des Rechts als eines sozialen, eines verbindenden Wollens.

Besteht kein gemeinsamer Grundsatz, der die Parteien verbindet, dann liegt der zu entscheidende Fall außerhalb des Rechts, er ist kein Lückenfall. Eine rechtliche Entscheidung ist dann unmöglich, und an Stelle des Rechts entscheidet die Macht.

Anmerkungen.

1) Vgl. besonders Jung, Pos. Recht, 1907, S. 41: „Ich glaube, man darf heute behaupten, das Dogma von der Lückenlosigkeit oder logischen Geschlossenheit des Rechts oder der Quellenmäßigkeit aller Entscheidungen ist heute erledigt." Vgl. Jung, Nat. Recht, 1912, S. 11, 14, 36 ff., 45 ff., 164, 167, 170, 173, 314; Stammler, Theorie, besonders S. 641—42; Schmitt, 1912, S. 11 ff.; Brie, 1910, S. 532; Wüstendörfer, 1913, S. 220 ff.; Consentini, 1913, S. 223 ff. a. a. O.

2) Auch Bierling, 1911, S. 383 a. a. O. und Stammler, Theorie, S. 641 scheiden die Lücken- und Mängelbetrachtung sachlich scharf voneinander ab.

3) Der Unterschied der Begriffsarten (systematischer Begriff — funktioneller Begriff) ist von Privatdozent Dr. Joerges zu Halle a. S. in seiner Vorlesung über juristische Methodenlehre (Sommersemester 1913) klargestellt worden und von ihm übernommen.

4) Gegen die Richtigkeit dieses Satzes auch Bierling, 1911, S. 384 ff.; Biermann, 1911, S. 10.

5) Daß dies auch die fast einstimmige Ansicht der Literatur ist, wird durch Einzelausführungen kaum belegt zu werden brauchen. Besonders deutlich tritt die Übereinstimmung mit der dargelegten Ansicht bei Jung zutage, welcher gleichfalls zu dem Schlusse kommt: „Es gibt also noch weiteres positives Recht außer den Sätzen des BGB." (Pos. Recht, 1907, S. 472).

6) Zur Vermeidung von Mißverständnissen sei darauf hingewiesen, daß man gemeinhin unter „unmittelbarer" Regelung auch unsere „mittelbare" Regelung mit versteht, unter „mittelbarer" Regelung dagegen die mit Hilfe der Analogie gefundene Gesetzesregel, so z. B. Sohm, 1909, Begriffsjurisprudenz S. 1019 ff.

Anmerkungen. 73

7) Vgl. zu dem Begriff der mittelbaren Regelung insbesondere auch die Ausführungen W. Jellineks, 1913, über Tatsachen mit abgeleiteter Rechtssatzwirkung" (Kap. 1 a. a. O.) und Stein, 1893, Das private Wissen des Richters.

8) Jung (Nat. Recht, 1912, S. 301) scheidet „echte Lücken des überlieferten Rechts" von Fällen, in denen „der Rechtssatz ausdrücklich auf seine moralischen Unterlagen, wie gute Sitten, Treu und Glauben, verweist, wenn er Begriffe, wie Widerrechtlichkeit, Verletzung eines Rechts, im Tatbestand verwendet". Danach sieht also auch Jung „mittelbar" geregelte Fälle gleichfalls nicht als Lückenfälle an. Ebenso Heck, Problem, 1912, S. 23 („Blankettbegriffe").

9) Daß diejenige Regel, die man mit Hilfe einer besonderen Interpretation aus dem Gesetz gewinnen zu können glaubt, nicht schon im Gesetz enthalten, sondern ein neuer Rechtssatz ist, ist schon von Thöl (1851, S. 144 a. a. O.) ausgesprochen worden. Diese Erkenntnis ist heute Gemeingut aller „Modernisten". Treffend sagt besonders Schmitt (1912, S. 33 a. a. O.): „Man braucht kein großer Philosoph zu sein, um einzusehen, daß es immer ein Vorgang gewesen ist, den der Zivilist als eine Art „Spezifikation", Verarbeitung eines Stoffes zu einem neuen Gebilde, bezeichnen würde."

10) Wenn im folgenden stets nur von einer bestimmten Rechtsfolge eines Tatbestandes gesprochen worden ist, so geschieht das der Einfachheit halber. Selbstverständlich kann ein Tatbestand auch mehrere Rechtsfolgen zugleich haben. Doch kann diese Möglichkeit unberücksichtigt bleiben, da die Rechtserheblichkeit eines Tatbestandes nicht auf der Mehrzahl der Rechtsfolgen beruht, vielmehr auch schon derjenige Tatbestand rechtserheblich ist, der nur eine Rechtsfolge hat. Die Zahl der Rechtsfolgen kommt nur etwa für die Bestimmung der größeren oder geringeren Rechtserheblichkeit eines Tatbestandes in Betracht, auf welchen graduellen Unterschied es für vorliegende Untersuchung nicht ankommt.

11) Vgl. Jung (Nat. Recht, S. 146): „Ich gebrauche das Wort ‚Gelten' in dem anderen Sinne gleich tatsächlich verwirklicht werden." Allerdings ist Jungs Sprachgebrauch nicht einheitlich. So hat er S. 260 das geltensollende, das mit Grund

geltende Recht im Auge, wenn er dort das geltende Recht als das „für den Aussagenden verbindliche" bezeichnet. ebenso vor allem in dem oben im Text S. 19 angezogenen und in der Anmerkung 8 S. 73 zitierten Satze. Überhaupt faßt J u n g grundsätzlich den Begriff des Geltens im Sinne von Geltensollen auf und nur ausnahmsweise nicht. Für S p i e g e l (1908, S. 7 a. a. O.) besteht die Geltung des Rechtes darin, daß es „auf die ihm unterstellten Personen tatsächlich bestimmend wirkt"; vgl. auch S. 21 daselbst „reale Geltung", S. 23 „tatsächliche Geltung". Besonders deutlich ist dieser Gebrauch des Wortes „gelten" bei W. J e l l i n e k, 1913: vgl. z B. S. 23: „Wohl aber ist das ständige Fehlen einer Regelmäßigkeit ein untrügliches Zeichen dafür, daß eine Rechtsregel nicht gilt. Man kann das allgemeiner dahin fassen: Die ständige Nichtübereinstimmung der Wirklichkeit mit dem Inhalt eines Gesetzes nimmt dem Gesetz den Charakter eines geltenden Rechtssatzes" (vgl. auch S. 177).

Daß daneben unter dem Gelten eines Rechts noch etwas anderes, nämlich das mit Grund Gelten, das Geltensollen, verstanden werden kann, wird von den genannten Autoren kaum bestritten werden. Aber der Grund des sachlichen Unterschiedes, daß nämlich einmal eine explikative und zum anderen eine normative Betrachtung vorgenommen wird, dürfte nicht immer klar sein. Jedenfalls aber ist es wenig förderlich, das Wort „Gelten" in zweierlei ganz verschiedenem Sinne zu gebrauchen.

Wir ziehen die Bedeutung „mit Grund gelten" insbesondere auch deshalb vor, weil sich die andere Bedeutung des Worts ebensogut beispielsweise durch das Wort bestehen (bestehendes Recht) wiedergeben läßt, während es an einem Worte, welches das Wort Gelten in seiner Bedeutung von Geltensollen ersetzen könnte, fehlt.

S t a m m l e r, Theorie II, S. 114—178 gebraucht das Wert Gelten gleichfalls im letzteren Sinne.

12) Vgl. E h r l i c h, Freie Rechtsfindung, 1903, S. 17: „Keine Theorie der Rechtsanwendung wird darüber hinwegzusetzen vermögen, daß jedes System festgelegter Rechtsregeln seiner Natur nach lückenhaft ist, daß es eigentlich schon in dem Augenblick veraltet war, da es festgelegt worden ist. Besonders wird dieser Gedanke von C o n s e n t i n i, 1913, betont (S. 224 a. a. O.): „Comment le législateur

pourrait-il prévoir et par là-même régler tous les cas qui se présenteront dans l'avenir ou tous les rapports sociaux compliqués et multiples qui germeront des formes nouvelles et toujours plus variées de la coexistence?" und S. 230: „Il faut considérer, que droit suit et souvent avec rétard le mouvement social. C'est pour cela que chaque système juridique présente et présentera toujours de lacunes" (vgl. auch S. 229—31; auch Bauer, 1909, S. 429 a. a. O.).

13) Ein Gegensatz von „empfindungsmäßig vorhanden" und „bewußt" ist unhaltbar, auch das empfindungsmäßig Vorhandene ist bewußt, ist Bewußtseinsinhalt; den Gegensatz zu gefühlsmäßiger Erkenntnis bildet die begriffliche Erkenntnis. Beide aber sind Bewußtseinsinhalte.

14) Wenn Schmitt, 1912, a. a. O. Kap. 1 ff. ausführt, daß Maßstab der Richtigkeit einer Entscheidung, auch bei einer auf dem Gesetz beruhenden Entscheidung, nicht die Gesetzmäßigkeit sein könne, daß vielmehr Maßstab der Richtigkeit in jedem Falle der sei, daß ein anderer Richter ebenso entschieden haben würde, so ist ihm entgegenzuhalten, daß er Grund und Folge miteinander vertauscht. Wenn eine Entscheidung richtig ist, dann würde ein anderer Richter sie im gleichen Falle — vielleicht — gleichfalls getroffen haben, aber nicht umgekehrt, denn eine Mehrheit gleicher aber unrichtiger Entscheidungen würde die Entscheidungen nicht zu richtigen machen. Das, was Schmitt als Maßstab angibt, ist eine Folgeerscheinung, aber kein Maßstab. Woran soll der Richter erkennen, daß ein anderer Richter ebenso entscheiden würde, wenn nicht daran, daß die Entscheidung richtig ist; und auch wenn die Entscheidung richtig ist, würde ein anderer Richter nur dann ebenso entscheiden, wenn er gleichfalls die richtige Entscheidung fände. Das von Schmitt gebotene Merkmal der Richtigkeit bietet keine Gewähr dafür, daß nicht „die Mehrheit siegt und Unverstand entscheidet".

15) Daß auch das Verfahren der „Interessenjurisprudenz" letzten Endes eine Analogieanwendung ist, ist insbesondere von Heck (Problem, 1912, S. 19 u. 22, 23) angedeutet worden. Man kann die Verschiedenheit der Ausgangspunkte der Tatbestandsanalogie und der Interessenanalogie auch dahin kennzeichnen: Die Tatbestandsanalogie geht aus von dem beschreibenden Begriff des Rechtssatzes (ein Rechtssatz

ist die Verbindung eines Tatbestandes mit einer Rechtsfolge), die Interessenanalogie von dem funktionellen Begriff des Rechtssatzes (ein Rechtssatz ist die Entscheidung eines rechtlichen Interessenkonfliktes). Diese Art der Unterscheidung ist von Privatdozent Dr. Joerges zu Halle a. Saale in seiner Vorlesung über juristische Methodenlehre (Sommersemester 1913) durchgeführt worden.

16) Vgl. Jhering, Geist d. röm. R. II S. 357 ff.; Heck, Problem, 1912, S. 14 ff.; Stampe, Rechtsfindung, durch Konstruktion, 1905; Müller-Erzbach, Interessentenrecht, 1908, S. 334, 350 ff.; Wüstendörfer, 1913, S. 222 ff. u. A.

17) Eine Namensaufzählung würde bei der großen Verbreitung dieser Richtung immer unvollständig bleiben. Genannt seien nur Heck, Stampe, Müller-Erzbach, Wüstendörfer.

18) Daß die gleichen Gründe, welche gegen die Tatbestandsanalogie sprechen, auch gegen die Interessenanalogie sich kehren, ist bisher nicht genügend beobachtet worden.

19) Daß das logische Denken allein nicht genügt, sondern ein Werturteil hinzukommen muß, ist seit Rümelins berühmter Rede über Werturteile und Willensentscheidungen unzähligemale schon betont worden. Vgl. insbesondere Jung, Logische Geschlossenheit, 1900, S. 140, Pos. Recht, 1907, S. 480, 506, 508, Nat. Recht, 1912, § 1 besonders S. 18, 128, 130—31; Müller-Erzbach, 1912, S. 370; Bierling, 1911, § 57 Ziff. 6, besonders S. 401, 410 ff., 426; Brütt, 1907, S. 79; Kantorowicz, 1906, Kampf S. 29; Schmitt, 1912, S. 13, auch Anm. 2 das., S. 14; Biermann, 1911, S. 10—11; Wüstendörfer, S. 238, 242, 248, 359; Consentini, 1913, S. 229, 231, 237.

20) Diese Ansicht wird insbesondere von Danz vertreten.

21) Vgl. zu dem folgenden insbesondere Stammler, Theorie VIII. 13, 17.

22) Die Unvollständigkeit der Verkehrsanschauung, der herrschenden Anschauungen, ist insbesondere auch von Wüstendörfer, 1913, S. 252—53 ausgesprochen worden (vgl. auch Heck, Problem, 1912, S. 10, Anm. 1). Auch in der Bestimmung des Art. 1, Abs. 2 Schweiz. ZGB. ist der Gedanke zum Ausdruck gebracht, daß möglicherweise aus

dem bisherigen Recht keinerlei Anhaltspunkte entnommen werden können.

Wenn Danz, besonders Einführung, 1912, S. 58, der Ansicht ist, daß im Falle des Fehlens einer herrschenden Anschauung die Klage abzuweisen sei, so ist das konsequent von ihm gedacht, aber unrichtig, weil seine Voraussetzung unrichtig ist, daß nur diejenigen im Gesetz nicht geregelten Fälle rechtserheblich seien, bezüglich deren Rechtserheblichkeit sich eine Verkehrsanschauung gebildet hat.

23) Schon Ulpian hatte unter den Grundregeln des Rechts auch das „alterum non laedere" genannt (D. I, 1, 10 § 1; J. I 1 § 3).

Literaturverzeichnis.

1806: Thibaut, Theorie der logischen Auslegung des römischen Rechts, Altona. — 1825: Jordan, Bemerkungen über den Gerichtsgebrauch, dabey auch über den Gang der Rechtsbildung und die Befugnisse der Gerichte, Arch. f. Zivil. Prax. Bd. 8. — 1848: Kirchmann, Über die Wertlosigkeit der Jurisprudenz als Wissenschaft, Berlin. — Retslag, Apologie der Jurisprudenz. — 1851: Thöl, Einleitung in das deutsche Privatrecht, Berlin. — 1852: Jhering, Der Geist des röm. Rechts auf den verschiedenen Stufen seiner Entwickelung, Teil 1—3, Leipzig 1852—65. — 1854: Leist, Über die dogmat. Analyse römischer Rechtsinstitute, Jena. — 1856: Kuntze, Der Wendepunkt in der Rechtswissenschaft. — 1858: Kuntze, Über das jus respondendi in unserer Zeit, Leipzig. — 1860: Kuntze, Naturalismus und „Natur der Sache", Jena. — 1872: Adickes, Zur Lehre von den Rechtsquellen, Kassel. — 1876: Schloßmann, Der Vertrag, Leipzig. — 1878: Stahl, Geschichte der Rechtsphilosophie. Bd. I, V. Aufl. — 1879: Zitelmann, Irrtum und Rechtsgeschäft, Leipzig. — 1880: L. Seuffert, Über richterliches Ermessen, Festrede, Gießen. — 1881: Pfersche, Methodik der Rechtswissenschaft, Graz. — 1882: Pachmann, Über die gegenwärtige Bewegung in der Rechtswissenschaft, Berlin. — 1883: Zitelmann, Gewohnheitsrecht und Irrtum, Arch. für Ziv. Prax., Bd. 66. — 1885: Bülow, Gesetz und Richteramt, Leipzig. — 1886: J. Kohler, Über die Interpretation von Gesetzen, Grünhuts Zeitschr., Bd. 13. — 1887: J. Kohler, Die schöpferische Kraft der Jurisprudenz, Jherings Jahrb. 25. — 1888: Ehrlich, Über Lücken im Recht, Burians Juristische Blätter 17, S. 447 ff. — 1889: Franken, Vom Juristenrecht. — Gierke, Der Entwurf eines bürgerlichen Gesetzbuchs und das deutsche Recht, Leipzig. — Gierke, Die soziale Aufgabe des Privatrechts, Berlin. — Schein, Unsere Jurisprudenz und Rechtsphilosophie, Berlin. — 1890: Ehrlich, Soziale Gesetzgebungspolitik auf dem Gebiete des deutschen Privatrechts, in „Unsere Zeit" 1890, Nr. 5. — Ehrlich, Der Entwurf eines bürgerlichen Gesetzbuches und sozialpolitische Bestrebungen der Gegenwart, in „Unsere Zeit" 1890, Nr. 7. — O. Fleischmann, Die Sozialpolitik im Recht, in „Die Gegenwart" 1890, Nr. 28. — 1891: Rümelin, Werturteile und Willensentscheidungen im Zivilrecht. Universitätsrede Freiburg. — 1892: E. J. Bekker, Ernst und Scherz über unsere Wissenschaft, Leipzig. — Bergbohm, Jurisprudenz und Rechtsphilosophie, Bd. 1. Leipzig. — 1893: Fr. Stein, Das private Wissen des Richters, Leipzig. — 1894: Ofner, Studien über soziale Jurisprudenz, Wien. — 1895: Menger, Über die soziale Aufgabe der Rechtswissenschaft, Wien (2. Aufl. 1905). — 1896: E. J. Bekker, Recht muß Recht bleiben, Heidelberg. — 1898: Danz, Laienverstand und Rechtssprechung, Jherings Jahrb. 38. — 1899: Gény, Méthode d'interprétation et sources en droit privé positif, Paris. — Br. Schmidt, Das Gewohnheitsrecht als Form des Gemeinwillens, Leipzig. — 1900: Eltzbacher, Über Rechtsbegriffe. — Jung, Die logische Geschlossenheit des Rechts. — Schröder, Im Kampf ums Recht, Kiel. — Stammler, Die Bedeutung des deutschen Bürgerlichen Gesetzbuches für den Fortschritt der Kultur, Halle. — Stammler, Über die Methode der geschichtlichen Rechtstheorie, Halle. — 1901: Rümelin, Heitere und ernste Betrachtungen über die Rechtswissenschaft, Leipzig. — Rümelin, Der Vorentwurf zu einem schweizerischen Zivilgesetzbuch, Schmollers Jahrb. 25. — 1902: Stammler, Die Lehre von dem richtigen Rechte, Berlin. — 1903: Ehrlich, Freie Rechtsfindung und freie Rechtswissenschaft, Leipzig. — M. E. Mayer, Rechtsnormen und Kulturnormen, Breslau. — Schlossmann, Der Irrtum über wesentliche Eigenschaften der Person oder Sache nach dem Bürgerlichen Gesetzbuch, Jena. — Schlossmann, Theorie der Gesetzesauslegung, Jena. — Zitelmann, Lücken im Recht, Leipzig.

1904.

Jhering, Scherz und Ernst in der Jurisprudenz, 9. Aufl., Leipzig. — Saleilles, Introduction à l'étude du droit civil allemand, Paris. — Sternberg, Allgemeine Rechtslehre I, Leipzig (jetzt 1912). — Unger, Zur Revision des Allgem. Bürgerl. Gesetzbuchs, Grünhut 31. — Wurzel. Das juristische Denken, Wien. — Zitelmann, Die Kunst der Gesetzgebung, Dresden (Gehe-Stiftung).

1905.

Ehrlich, Recht und Praetor, eine Erledigung. Grünhut 32. — Hatscheck, Englisches Staatsrecht I, Tübingen. — Heck, Interessenjurisprudenz und Gesetzestreue, D. J. Z. 1905, S. 1140 ff. — Kraus, Die leitenden Grundsätze der Gesetzesinterpretation, Grünhut 32. — Menger. Über die soziale Aufgabe der Rechtswissenschaft, II. Aufl., Wien. — Müller-Erzbach, Die Grundsätze der mittelbaren Stellvertretung, aus der Interessenlage entwickelt. — Radbruch, Über die Methode der Rechtsvergleichung, Monatsschr. f. Kriminalpsychologie II, 1905. — Reichel, Induktion in der Jurisprudenz, Grünhut 32. — Stampe, Rechtsfindung durch Konstruktion. Rechtsfindung durch Interessenwägung. Gesetz und Richtermacht, D. J. Z. 1905, S. 417 ff.. 713 ff., 1017 ff.

1906.

Adickes. Grundlinien durchgreifender Rechtsreform. Berlin. — Adickes, Stellung und Tätigkeit des Richters, Dresden (Gehe-Stiftung). — Anschütz, Lücken in den Verfassungs- und Verwaltungsgesetzen, Verwaltungsarchiv 14. — Brodmann, Vom Wesen und Begriff des Rechts, Jherings Jahrb. — Bülow, Über das Verhältnis der Rechtsprechung zum Gesetzesrecht, Recht 1906, S. 769 ff. — Ehrlich, Soziologie und Jurisprudenz, „Die Zukunft", Bd. 14, S. 231 ff. — Ehrlich. Die freie Rechtsfindung, Recht 1906, S. 35 ff. — Gnaeus Flavius (Kantorowicz), Der Kampf um die Rechtswissenschaft, Heidelberg. — Klein, Der Kampf um die Rechtswissenschaft, Allgemeine österreichische Gerichtszeitung 37. S. 208 ff. — Klein, Freie Rechtsfindung, Recht 1900, S. 916 ff. — Makarewicz, Das richtige Recht, Zeitschr. für die gesamte Strafrechtswissenschaft, S. 927 ff. — Michaelis. Die Emanzipation des Richters vom Gesetzgeber, D. J. Z.. S. 394 ff. — Radbruch, Rechtswissenschaft als Rechtsschöpfung, Arch. f. Sozialwissenschaft und Sozialpolitik N. F. 4. S. 355 ff. — Rümelin, Gesetz und Richter, Berlin 1906. — Rumpf, Gesetz und Richter, Versuch einer Methodik der Rechtsanwendung, Berlin. — Staffel, Über Stammlers Lehre vom richtigen Recht, Jherings Jahrb. 50, S. 301. — Stammler, Wirtschaft und Recht. II. Aufl., Leipzig. — Unger, Gnaeus Flavius: „Der Kampf um die Rechtswissenschaft", D. J. Z. 1906, S. 781 ff. — M. Weber, Kritische Studien auf dem Gebiete der kulturwissenschaftlichen Logik.

1907.

Bozi, Die Weltanschauung der Jurisprudenz. — Brütt, Die Kunst der Rechtsanwendung, Berlin. — Ehrlich, Die Tatsachen des Gewohnheitsrechts, Leipzig und Wien. — E. Fuchs, Schreibjustiz und Richterkönigtum. — Gareis, Vom Begriff Gerechtigkeit, Festschrift Gießen. — Gmür, Die Anwendung des Rechts nach Art. 1 Schweiz. ZGB., Bern. — Helwig, Lehrbuch des deutschen Zivilprozeßrechts, Bd. II, § 93: „Rechtsauslegung und Rechtsfindung". — Jellinek (G.), Der Kampf des alten mit dem neuen Recht, Heidelberg. — Jung, Positives Recht, Festschrift Gießen. — Leonhard (Fr.), Erfüllungsort und Schuldort, Eine soziologische Untersuchung. — Loening (R.), Über Wesen und Wurzel des Rechts, Jena. — Rümelin, B. Windscheid und sein Einfluß auf Privatrecht und Privatrechtswissenschaft, Tübingen. — Salomon, Das Problem der Rechtsbegriffe, Heidelberg. — Schmölder, Die Billigkeit als Grundlage des bürgerlichen Rechts, Hamm. — Stammler, Die grundsätzlichen Aufgaben des Juristen in Rechtsprechung und Verwaltung, Verwaltungsarchiv 15. — Stampe, Unsere Rechts- und Begriffsbildung, Greifswald.

1908.

Danz, Rechtsprechung nach der Volksanschauung und dem Gesetz, Jherings Jahrb. 54, S. 2 ff. — E. Fuchs, Recht und Wahrheit in unserer heutigen Justiz. — Geffken, Das Gesamtinteresse als Grundlage des Staats- und Völkerrechts. — Hedemann, Zivilistische Rundschau 1906 bis 1907: „Der Streit um die Interessenjurisprudenz", Arch. f. bürgerl. Recht 31, S. 296 ff. — Hiller, Das Recht über sich selbst, Heidelberg. — Kleinfeller, Gesetzgebung und

Rechtsprechung, Arch. f. Rechts- und Wirtschaftsphilosophie 1908. — Lazarsfeld, Das Problem der Jurisprudenz, Wien. — Lukas, Zur Lehre vom Willen des Gesetzgebers, Festgabe für Laband, Bd. 1. — Müller-Erzbach, Der Durchbruch des Interessenrechts durch allgemeine Rechtsprinzipien, Jherings Jahrb. 53, S. 331 ff. — Rümelin, Das neue schweizerische Zivilgesetzbuch und seine Bedeutung für uns, Tübingen. — Sternberg, Kirchmann und seine Kritik der Rechtswissenschaft, Berlin. — Stier-Somlo, Das freie Ermessen in Rechtsprechung und Verwaltung, Festgabe für Laband, Tübingen. — Sturm, A., Die Bedeutung der Mehrheit in der Rechtsanwendung und in der Rechtsprechung, Halle.

1909.

Bauer, Über die geschichtspsychologische Grundlage juristischer Forschung, Rechtswissenschaft und Sozialwissenschaft, Grünhut 36, S 426 ff., 431. — Danz, Die Grundsätze von Treu und Glauben und ihre Anwendung auf die Rechtsverhältnisse des Bankverkehrs, Berlin. — Düringer, Richter und Rechtsprechung, Leipzig. — Heck, Was ist diejenige Begriffsjurisprudenz, die wir bekämpfen? D. J. Z. 1909 S. 1457 ff. — Fuchs, Die Gemeinschädlichkeit der konstruktiven Jurisprudenz. — Heymann, Immanuel Kant, ein Gedenkblatt, D. J. Z. 1909, S. 244 ff. — Hölder, Ist der Handlungsunfähige ein Subjekt rechtlicher Macht? D. J. Z. vom 1. Aug. 1909. — Kantorowicz, Zur Lehre von dem richtigen Rechte, Berlin. — Mitteis, Freirechtslehre und Juristenzunft, D. J. Z. vom 1. Aug. 1909. — Müller-Erzbach, Die Erhaltung des Unternehmens, Zeitschr. f. Handelsrecht 61. S. 357 ff. — Oertmann, Gesetzeszwang und Richterfreiheit, Leipzig. — Sinzheimer, Die soziologische Methode in der Privatrechtswissenschaft. — Sohm, Über Begriffsjurisprudenz, D. J. Z. vom 1. Aug. 1909. — Spiegel, Jurisprudenz und Sozialwissenschaft, Grünhut 36. S. 1 ff. — Vierhaus, Die Freirechtsschule in der heutigen Rechtspflege, D. J. Z. 1909, S. 1169 ff.

1910.

Brie, Billigkeit und Recht, Arch. f. Rechts- und Wirtschaftsphilosophie, Bd. 3. — Donati, Il problema delle lacune dell'ordinamento giuridico, Mailand. — Fuchs, Die soziologische Rechtslehre, D. J. Z., S. 282 ff. — Gerland, Die Einwirkung des Richters auf die Rechtsentwicklung in England. Berlin. — Gmelin, Quousque? Beiträge zur soziologischen Rechtsfindung. — Hedemann, Zivilistische Rundschau 1908—1910, Archiv f. bürgerliches Recht 1910, S. 115 ff. — Kiß, Gesetzesauslegung und ungeschriebenes Recht, Jherings Jahrb. 58. — Laun, Das freie Ermessen und seine Grenzen. — Peritsch, Der Einfluß des deutschen BGB. auf die französischen Juristen, D. J. Z. 1910, S. 30 ff. — Radbruch, Einführung in die Rechtswissenschaft. — Rumpf, Volk und Recht, Oldenburg. — Rundstein, Freie Rechtsfindung und Differenzierung des Rechtsbewußtseins, Arch. f. bürgerl. Recht 34, S. 1 ff. — Schneider (K.), Abänderliches Recht und Verkehrsmittel, Jherings Jahrb., S. 383 ff. — Sohm, Begriffsjurisprudenz, D. J. Z. 1910, S. 114 ff. — Stölzel, Staatliches und staatloses Ausland, Berlin. — Wieland, Die historische und die kritische Methode in der Rechtswissenschaft.

1911.

Baumgarten, Die Freirechtsbewegung, D. Richterzeitung, S. 543 ff. — Berolzheimer, Die Gefahren einer Gefühlsjurisprudenz in der Gegenwart, Arch. f. Rechts- und Wirtschaftsphilosophie 4, S. 595 ff. — Bierling, Juristische Prinzipienlehre, Bd. 4, besonders § 57, Tübingen. — Biermann, Die Gründe der Zweifelhaftigkeit rechtlicher Ergebnisse, Festrede Gießen. — Danz, Die Auslegung der Rechtsgeschäfte, Jena. — Danz, Rückständigkeit der Rechtswissenschaft, Richterrecht und Gesetzesrecht, Neue Rechtsprechung, D. J. Z., S. 565. — Dörr, Begriff und Grenzen der richterlichen Unabhängigkeit, Rheinische Zeitschrift für Zivil- und Prozeßrecht 3, S. 425 ff. — Fuchs, Klassische Einwendungen gegen die soziologische Rechtslehre, Holdheims Monatsschr. f. H. R. und B. W. 20, S. 82 ff. — Hedemann, Über die Kunst, gute Gesetze zu machen, Festschrift für Gierke. — Hurwicz, Rudolf von Jhering und die deutsche Rechtswissenschaft. — Kantorowicz, Die Contra-legem-fabel, D. Richterzeitung Nr. 8. — Kantorowicz, Rechtswissenschaft und Soziologie. — Kaufmann, E., Das Wesen des Völkerrechts und die clausula rebus sic stantibus. — Kelsen, Hauptprobleme der Staatsrechtslehre, entwickelt aus der Lehre vom Rechtssatze, Tübingen. — Kiß, Gesetzesauslegung und ungeschriebenes Recht, Jherings Jahrb. 58, S. 413 ff. — Kornfeld, Soziale Machtverhältnisse. — Kuhlemann, Platonische Gesetze, D. J. Z., S. 570 ff. — Oertmann, Soziologische Rechtsfindung in Holdheims Monatsschrift f. H. R. und B. W. 20, S. 1 ff. — Regelsberger, Gesetz und Rechtsanwendung, Jherings Jahrb. 58, S. 146 ff. — Schwering, Das Grundproblem der Rechtsreform, Berlin. — Somlo, Die Anwendung des Rechts, Grünhut 38, S. 55 ff. — Staffel, Die Stellung des Richters gegenüber dem Gesetz, besonders im Hinblick auf die Freirechtsbewegung, Deutsche Richterzeitung, S. 724 ff. — Stammler, Das Recht im staatenlosen Gebiet, Festschr. f. Binding, Bd. 1. — Stammler, Theorie der Rechtswissenschaft, Halle. — Stampe, Die Freirechtsbewegung. — Stampe, Aus einem Freirechtslehrbuch, Arch. f. Zivil-Prax. 107, S. 274 ff. — Vierhaus, Über die Methode der Rechtsprechung. — Zeiler, Ein Gerichtshof für bindende Gesetzesauslegung, München.

1912.

Bartsch, Die Zukunft der Rechtswissenschaft, Archiv für Rechts- und Wirtschaftsphilosophie V. — Breuer, Der Rechtsbegriff auf der Grundlage der Stammlerschen Sozialphilosophie, Ergänzungsheft Nr. 27 der „Kantstudien", Berlin. — Danz, Richterrecht, Schriften des Vereins Recht und Wirtschaft, Bd. 1, Heft 4. — Danz, Einführung in die Rechtsprechung. — Fuchs, Juristischer Kulturkampf, Karlsruhe. — Heck, Das Problem der Rechtsgewinnung, Tübingen. — Henle, Treu und Glauben im Rechtsverkehr. — Joerges, Die eheliche Lebensgemeinschaft in ihrem Begriffe, in ihren Gestaltungen und in ihren vermögensrechtlichen Beziehungen, Halle. — Jung, Das Problem des natürlichen Rechts. — Kiß, Soziologische Rechtsanwendung im römischen Recht, Arch. f. bürgerl. Recht, Bd. 38, S. 214 ff. — Lent, Die Gesetzeskonkurrenz im bürgerlichen Recht und Zivilprozeß, Bd. 1. — Müller-Erzbach, Die Relativität der Begriffe und ihre Begrenzung durch den Zweck des Gesetzes, Jherings Jahrb. 61, S. 343 ff. — Neukamp, Der gegenwärtige Stand der Freirechtsbewegung, D. J. Z., S. 44. — v. Peretiatkowicz, Methodenstreit in der Rechtswissenschaft, Grünhut 39, S. 555 ff. — Rogge, Methodologische Vorstudien zu einer Kritik des Rechts, Beiheft 9, Arch. f. Rechts- und Wirtschaftsphilosophie, Berlin. — Rumpf, Der Strafrichter. — Schmitt, Gesetz und Urteil, Berlin. — Stampe, Aus einem Freirechtslehrbuch, Arch. f. Zivilistische Praxis 108, S. 42 ff. — Sternberg, Einführung in die Rechtswissenschaft, Bd. 1 (Neuauflage der allgem. Rechtslehre, Bd. 1, 1904). — Zeiler, Von den responsa prudentium zum Auslegungsgerichtshof. Rhein. Zeitschr. f. Zivil- und Prozeßrecht 3, S. 367 ff.

1913.

Consentini, La Réforme de la législation civile, Paris. — Hedemann, Werden und Wachsen im bürgerlichen Recht, Berlin. — Huber, Über die Realien der Gesetzgebung. Zeitschr. f. Rechtsphilosophie. Bd. 1, Heft 1. — W. Jellinek, Gesetz, Gesetzesanwendung und Zweckmäßigkeitserwägung. Tübingen. — Kiß, Soziologische Rechtsanwendung im römischen Recht. Jherings Jahrb. 62, S. 214 ff. — Laun, Eine Theorie vom natürlichen Recht, Arch. f. öffentl. Recht, Bd. 30. Heft 3. — Müller-Erzbach, Gefühl oder Vernunft als Rechtsquelle? Zur Aufklärung über die Interessenjurisprudenz, Zeitschr. f. H. R. 73, S. 429 ff. — Münch, Erich Jung: „Das Problem des natürlichen Rechts", Zeitschr. f. Rechtsphilosophie, Bd. 1, Heft 1. — Netter, Kant und der juristische Kulturkampf. Zeitschr. des Vereins Recht und Wirtschaft. Heft 4 und 5. — Stammler, Begriff und Bedeutung der Rechtsphilosophie, Zeitschr. f. Rechtsphilosophie, Bd. 1, Heft 1. — Stampe, Aus einem Freirechtslehrbuche, Arch. f. zivilistische Prax., Bd. 110, S. 119 ff. — Szirtes und Rumpf, Die Methode der Rechtswissenschaft, Zeitschr. des Vereins Recht und Wirtschaft. Heft 3. — Wüstendörfer, Die deutsche Rechtsprechung am Wendepunkt, Arch. f. die zivilistische Praxis, Bd. 110. S. 219 ff.

Printed by Libri Plureos GmbH
in Hamburg, Germany